Jardiner
avec les enfants

Kim Wilde

Jardiner
avec les enfants

 **Broquet**

97-B, Montée des Bouleaux, Saint-Constant, Qc, Canada, J5A 1A9
Tél. : (450) 638-3338 / Télécopieur : (450) 638-4338
Site Internet : www.broquet.qc.ca
Courriel : info@broquet.qc.ca

Catalogage avant publication de Bibliothèque et Archives Canada

Wilde, Kim

    Jardiner avec les enfants

    Traduction de: Gardening with children.

    ISBN 2-89000-728-6

    1. Jardinage pour enfants. 2. Jardins d'enfants (Jardinage). I. Titre.

SB457.W5414 2006   635'.083   C2005-942286-6

POUR L'AIDE À LA RÉALISATION DE SON PROGRAMME ÉDITORIAL, L'ÉDITEUR REMERCIE :
Le Gouvernement du Canada par l'entremise du Programme d'Aide au Développement
    de l'Industrie de l'Édition (PADIÉ) ; La Société de Développement des Entreprises
    Culturelles (SODEC) ; L'Association pour l'Exportation du Livre Canadien (AELC).
Le Gouvernement du Québec - Programme de crédit d'impôt pour l'édition de livres -
    Gestion SODEC.

Titre original :

Première édition 2005, publié par HarperCollinsPublishers Ltd.
sous le titre de : Gardening with Children

Texte © 2005 Wildeflower Ltd
Photographies, design et mise en page © 2005
HarperCollins*Publishers* Ltd
Illustrations © 2005 Judith Glover

Traduction française © Broquet Inc. 2006, sous licence de
HarperCollinsPublishers Ltd.

Pour l'édition en langue française :

Copyright © 2005 Ottawa
Broquet Inc.
Dépôt légal – Bibliothèque nationale du Québec
1er trimestre 2006

Adaptation en langue française : Maurice Soudeyns
Révision : Marcel Broquet
Infographie : Guillaume Morin
Direction artistique : Brigit Levesque

ISBN : 2-89000-728-6

Imprimé en Grande Bretagne par The Bath Press Ltd

Table

Jardiner avec les enfants 25

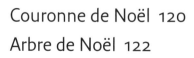

« J'ai particulièrement aimé construire la hutte de saules vivants. Je suis heureux de savoir qu'elle sera toujours là »

Jean-François, 8 ans

« J'ai vraiment adoré faire tout ce qui figure dans ce livre et j'espère que tous ces projets vont initier d'autres enfants au jardinage. »

Caroline, 11 ans

« Ce que j'ai aimé le plus, c'est de m'occuper des vers de terre ».

Adrien, 6 ans

« J'ai aimé tout ce que j'ai fait, mais ce qui m'a plu le plus, c'est faire la boîte de vers de terre. »

Béatrice, 8 ans

« J'ai adoré planter l'arc-en-ciel. J'aime bien le violet… c'est ma couleur préférée. Quand je serai grande, je veux être un jardinier comme maman. »

Roseline, 4 ans

« J'aime bien l'odeur de chocolat de la plante…délicieux ! »

Francis, 6 ans

Introduction

En 1996, Albert et moi étions mariés et tenions absolument à fonder une famille tout de suite. Ma priorité immédiate fut alors de créer un jardin pour ces enfants bien qu'ils ne soient pas encore nés. Mais à l'époque j'avais très peu d'expérience en jardinage et aucune idée de la façon de le concevoir. Je savais que je voulais faire pousser des légumes pour que les enfants puissent les voir se transformer depuis l'état de graine, les cueillir et les manger frais de notre jardin. Par dessus tout, je voulais stimuler et ravir leurs sens et c'est ainsi que ce rêve de posséder notre propre Éden m'a initiée au monde de l'horticulture.

Notre ébauche originale est aujourd'hui devenue un jardin débordant de plantes qui non seulement sont magnifiques et odorantes, mais bruissent tendrement, goûtent bon et nous font aussi du bien. Puis les enfant adorent explorer et découvrir eux-mêmes tous les secrets que recèle le jardin. Avoir un appareil photo à portée de la main dans la cuisine m'a donné le goût d'immortaliser de précieux moments. Ainsi, Henri en train de faire une razzia dans le carré de framboises ou de ployer sous le poids d'une citrouille en automne. J'ai des photos de Henri et de Roseline, encore tout petits, en train de caresser les plants de lavande qui pullulent devant la maison ou de toucher tendrement les perce-neige que j'ai empotées tout juste à la sortie de la cuisine.

Encourager nos enfants à apprécier la nature qui nous entoure est un moyen merveilleux de les stimuler, de les éveiller et de les éduquer. C'est aussi une excellente façon de passer du temps avec eux, d'apprendre à les connaître et de partager des moments chers. Jardiner avec les enfant est, en outre, une excellente occasion, pour nous adultes qui n'arrêtons jamais, de faire une pause pour reprendre contact avec la nature. Certaines personnes n'ont jamais fait l'expérience de planter une graine. Les écoles elles aussi pourraient en profiter en s'associant, par exemple, à des sociétés d'horticulture locales ou encore au Jardin Botanique de Montréal.

Je crois que c'est l'effet cumulatif d'un tas de petits moments précieux qui favorise l'amour du jardinage chez les enfants. S'ils perçoivent votre intérêt pour les jardins, leur curiosité sera automatiquement éveillée, et pour peu que vos encouragements et votre enthousiasme soient de la partie, ils chercheront des coccinelles au lieu de s'évertuer à trouver le dernier DVD. Les problèmes de santé et d'obésité chez les enfants soulèvent beaucoup d'inquiétude de nos jours ; il n'y aura jamais eu de meilleure raison de les éloigner de la télévision et de les envoyer jouer dehors dans le jardin. Dans ce livre, je partage avec vous quelques-unes des expériences de jardinage que j'ai vécues avec mes propres enfants, de même qu'avec certains amis qui me sont particulièrement chers. L'enthousiasme qu'ils ont manifesté à l'égard des projets que nous avons réalisés ensemble n'a fait que confirmer ce que je savais déjà, à savoir qu'avec quelques petits conseils, le jardinage c'est naturel pour les enfants.

S'amuser en jardinant

Les années d'apprentissage

chez l'enfant correspondent à la période au cours de laquelle ils ont l'esprit grand ouvert et absorbent l'information comme une éponge. Leur extraordinaire **curiosité**, qui est innée, les pousse à vouloir en connaître davantage et nous, en tant qu'adultes, nous avons comme privilège la tâche de leur faire apprécier la **beauté** de ce monde agité dans lequel nous vivons.

Avec la prolifération des jeux vidéo, le temps passé devant le téléviseur et, bien sûr, les devoirs, je crois que les possibilités pour les enfants de participer à des jeux créatifs n'ont jamais été aussi compromises.

Ces jeux créatifs

forment la base de la croissance émotionnelle, créative et intellectuelle plus tard, mais leur importance est souvent mal comprise. En partageant des expériences avec nos enfants, nous pouvons les aider à développer le sentiment de leur propre identité et de leur propre opinion et établir ce **lien** vital entre le parent et l'enfant. Je crois qu'il n'existe pas d'endroit plus normal pour s'adonner à cette tâche que notre propre arrière-cour, sur notre balcon ou sur la pelouse. Les enfants adorent les jeux créatifs, qu'ils s'agisse de cuisiner, peindre, jouer des rôles ou jardiner, et le truc c'est de se préparer d'avance. Achetez des **outils de jardinage** pour enfants, des sachets de semences pour enfants (offerts dans les centres de jardinage), et une paire de **bottes** de caoutchouc à la mode. En fait, procurez-vous tout ce qui peut faire pour qu'ils se sentent encouragés et soutenus.

Encourager l'enthousiasme

Le jardinage demande une certaine patience (les graines ne se transformant pas en plantes du jour au lendemain), et par conséquent, ce n'est que progressivement que la plupart des enfants en viendront à l'aimer. Mais il y a déjà d'innombrables façons de les séduire, ne serait-ce qu'en les faisant creuser pour trouver des vers, remplir des pots de compost ou repiquer des plants. Les enfants adoreront arroser les plantes et commenceront à comprendre du même coup, ce dont elles ont besoin pour pousser. Les enfants aiment aussi faire des trucs avec vous et bien que ce soit parfois la dernière chose dont vous ayez besoin, c'est en pareille circonstance que vous apprécierez être préparé (je savais que le temps que je consacrais aux guides me serait utile un jour !).

En leur donnant leur propres pots ou même un petit coin de terre, les enfants peuvent acquérir, grâce à leurs efforts, un certain sens des responsabilités, une certaine confiance en eux et un certain savoir-faire (pendant ce temps, vous pouvez continuer de désherber les carottes !) Les plates-bandes surélevées sont une bonne idée, surtout pour les enfants, puisqu'il est plus facile d'y travailler avec les mains. En outre, la terre étant plus élevée que le niveau du sol, le soleil peut la réchauffer plus rapidement, ce qui signifie que vous pourrez planter plus tôt et obtenir de meilleures pousses. Elles améliorent aussi le drainage, surtout parce qu'il n'est pas nécessaire de tasser la terre et par conséquent de la compacter. Et d'ailleurs, cela favorisera la croissance des plantes. Vous pouvez aussi contrôler la qualité de la terre en vous procurant le compost et la matière organique qui vous donneront la meilleure croissance.

Essayez de placer tous vos projets de jardinage près de la maison pour que vous puissiez surveiller ce qui se passe. En même temps, les enfants pourront aussi mieux observer la progression de leurs plantes.

S'amuser

Encouragez les enfants à collectionner des trucs naturels qu'ils pourront dessiner ou utiliser dans des projets d'artisanat plus tard. Nous avons une boîte dans la remise dans laquelle nous mettons les tiges porte-graines, plumes, pommes de conifères et coquilles d'escargots qui s'avèrent toujours utiles (voir p. 118 et 120). Des tâches automnales simples comme par exemple ramasser les feuilles peuvent être amusantes surtout pour les enfants qui on un penchant pour l'ordre (de qui Roseline peut-elle bien tenir cette manie ?) Cela leur montre aussi que pour avoir un jardin en santé, il est important de recycler la matière organique.

Si vous n'avez pas de jardin, il y a également de nombreuses façons d'encourager l'amour des plantes dans la maison en faisant pousser, par exemple, différentes plantes d'intérieur à partir de pépins ou de noyaux (voir p. 51). Vous pouvez aussi penser à faire germer des graines de moutarde et de cresson dont la germination s'effectue littéralement en une nuit sur un bout d'essuie-tout humide. La partie supérieure de la carotte, du navet, du panais et du radis produira des feuilles si vous la mettez sur le bord de la fenêtre dans une soucoupe contenant un peu d'eau, tandis que les fèves, les haricots d'Espagne et les graines de pois mis dans un pot avec un torchon à vaisselle humide et une petite quantité d'eau pousseront rapidement. Une merveilleuse façon de faire découvrir le processus de germination aux enfants.

Jardiner en toute sécurité

Mon frère et moi avons passé notre enfance dans un magnifique jardin rempli de plantes que l'ancien propriétaire avait créé avec amour. Ce que mes parents ignoraient c'est que de nombreuses plantes de ce jardin présentaient un certain risque pour la santé, et je suis certaine que si ma mère l'avait su, elle se serait empressée de les arracher sur le champ. Par bonheur, elle n'en fit rien et Ricky et moi avons grandi parmi ces jolies plantes sans en subir les effets nocifs. La digitale, la glycine et le faux ébénier nous ravissaient, tous si merveilleux... et pourtant toxiques ! Quand on parcourt des listes de plantes présentant un danger pour la santé, il est important de ne pas réagir de manière exagérée, bien qu'il faille en même temps faire une sérieuse évaluation de ce qui est à risque dans le jardin. J'ai dû retirer un petit cytise de la maison que je venais d'acheter en 1990, et je ne recommanderais pas cet arbrisseau dans les jardins où jouent de jeunes enfants, même si mon frère et moi en sommes sortis indemnes. Sans compter qu'il existe une grande quantité d'arbrisseaux ornementaux parmi lesquels choisir et qui donnent une magnifique floraison, de beaux fruits et de jolies couleurs à l'automne comme c'est le cas des nombreuses espèces de Sorbus (sorbiers) et de Malus (pommetiers).

Prenez le temps de connaître les plantes de votre jardin afin de pouvoir montrer à vos enfants celles qui sont à éviter, celles qu'ils peuvent toucher sans danger et, bien sûr, faites-leur bien comprendre que tout ce qu'on ne peut identifier, à coup sûr à de la nourriture ne devrait jamais être ingéré. Les champignons sauvages peuvent sembler aussi comestibles que ceux du supermarché, mais la plupart d'entre eux sont extrêmement toxiques et peuvent surgir de terre en une nuit par temps humide à température modérée. Ma petite Roseline a connu un moment d'angoisse il y a quelques semaines à peine après avoir touché des feuilles de rhubarbe dans le jardin, sachant que je le lui avais interdit à cause de leur caractère toxique. Nous sommes allés dans la cuisine et avons simplement lavé ses mains. Je parie qu'elle ne recommencera pas de sitôt.

Je dois dire qu'il est assez rare que des plantes présentent un risque grave, mais si vous croyez que votre enfant a avalé quelque chose d'inquiétant, n'essayez jamais de le faire vomir, amenez-le plutôt tout de suite à l'urgence de l'hôpital le plus près (ou appelez un centre anti-poisons), et il est souhaitable d'apporter un morceau de la plante impliquée.

Les enfants ne réagissent pas tous de la même façon aux mises en garde, certains en prendront bonne note, d'autres auront la réaction du taureau devant une cape rouge. Le meilleur conseil que je puisse donner aux personnes qui se font du souci au sujet des plantes, c'est… en cas de doute, arrachez !

Arbres et arbustes à risque

Berberis darwinii (Épine-vinette). Cet arbuste à feuilles vivaces, dense, est souvent utilisé comme haie mais présente de dangereuses épines sur la tige.

Cupressocyparis leylandii (Cyprès hybride de Leyland). Les branches causent une irritation cutanée.

Daphne mezereum (Daphné mézéréon). Les baies de toutes les espèces sont toxiques. Les fleurs roses odorantes sur tiges scapiformes deviennent des baies d'un rouge brillant l'été et donne l'impression d'être bonnes à manger.

Laburnum anagyroides (Faux ébénier). Cet arbrisseau à feuilles caduques est couvert de longues grappes de fleurs jaunes, pendantes. Toutes les parties de l'arbrisseau sont extrêmement toxiques, les cosses vertes, qui ressemblent à des pois, pourraient attirer vos enfants.

Prunus laurocerasus (Laurier-cerise). Ses fruits, qui ressemblent à des cerises, pourraient facilement être confondus avec ces dernières, mais elles sont toxiques.

Prunus lusitanica (Laurier du Portugal). Toutes les parties de la plante contiennent de l'acide cyanhydrique. On ne doit donc sous aucun prétexte brûler le feuillage.

Prunus spinosa (Aubépine à fruits piriformes). Cette espèce de haie indigène est couverte de très longues épines pointues.

Pyracantha (Buisson ardent). Un autre arbuste résistant, à feuillage persistant et qui produit des fleurs au printemps et des fruits en automne, mais présente aussi des épines pointues susceptibles de blesser un enfant qui y tomberait.

Ruta graveolens (Rue). Cette plante est toxique et cause aussi une grave irritation cutanée.

Taxus baccata (If commun). Toutes les parties de ce conifère à croissance lente sont toxiques, y compris les branches mortes, sauf pour ce qui est de la pulpe autour des graines. Les animaux qui le frôlent sont particulièrement vulnérables et sont très malades ou meurent s'ils en mangent.

Plantes herbacées à risque

Aconitum (Aconit à feuilles de dauphinelle). Toutes les espèces et toutes les parties de la plante sont extrêmement toxiques, surtout la racine.

Convallaria majalis (Muguet). Toutes les parties sont toxiques.

Delphinium (Pied d'alouette). Toutes les parties sont toxiques.

Digitalis (Digitale). Toutes les parties de cette magnifique plante des bois sont toxiques.

Euphorbia spp. (Euphorbe). Sa sève blanche de la nature du lait est toxique et cause une irritation cutanée.

Narcissus (Narcisse). Les bulbes et les fleurs ne doivent pas être consommés.

Nicotiana (Nicotine). Toutes les parties sont toxiques.

Phoradendron flavescens (Gui de chêne). Les baies sont toxiques.

Rheum raponticum (Rhubarbe). Les feuilles sont toxiques

Ricinus communis Ricin (d'où provient l'huile de ricin). Cette fantastique annuelle est de plus en plus populaire, surtout pour ceux qui désirent donner une allure tropicale à leur jardin. Elle est aussi extrêmement toxique. Le ricin est la plante la plus toxique pour l'homme – une ou deux graines suffisent à donner la mort.

Outils

On laisse souvent les outils traîner dans le jardin après les avoir utilisés en se promettant de les ranger plus tard. Lorsque les enfants sont sur les lieux, certains de ces outils peuvent représenter un grave danger. Par conséquent, prenez l'habitude de les remettre à leur place dès le travail terminé et, bien sûr, hors de la portée des petites mains curieuses ! Une remise peut sembler très invitante pour les petits qui y voient plutôt une belle maison pour enfants. Pour éviter que vos enfants n'y aient accès, installez un verrou au haut de la porte.

Mettez du ruban adhésif de couleur vive autour des poignées des outils de jardinage car on sait qu'ils ont la mauvaise habitude de disparaître. Il vous sera ainsi plus facile de les retrouver et de vous rappeler de les mettre en lieu sûr. Un bon moyen de motiver les enfants est d'acheter leurs propres outils de jardinage ; on en trouve maintenant pour tous les goûts dans les centres de jardinage ; ils réduisent les risques de blessures et sont plus amusants.

Produits chimiques

La mesure la plus efficace, et de loin la meilleure, pour les enfants et le jardin, c'est de ne pas se servir du tout de produits chimiques. Il existe des méthodes et des moyens biologiques très efficaces permettant de trouver des solutions aux problèmes de jardin sans avoir à recourir aux produits chimiques. Améliorer votre terre en y ajoutant des matières organiques, comme du compost, favorisera sa bonne santé. Les plantes en bonne santé sont moins sujettes aux maladies. Encourager un forme de vie sauvage dans le jardin peut être bénéfique et empêcher les bestioles nuisibles de devenir un problème. Les coccinelles, chrysopes, syrphes feront un festin des pucerons, tandis que les grenouilles, crapauds, oiseaux et hérissons se régaleront des limaces. Si néanmoins des produits chimiques se trouvent aux alentours, naturellement, mettez-les toujours en lieu sûr.

Éviter les risques pour la santé

Retirez toujours du jardin les déjections de chiens et de chats. Les fèces du chat en particulier peuvent contaminer la terre par le biais d'une maladie appelée toxoplasmose qui est dangereuse pour les femmes enceintes et cause des anomalies au fœtus. Les carrés de sable aussi sont très prisés par les chats des voisins, par conséquent, même si vous n'avez pas de chat, couvrez toujours votre carré de sable lorsque vous ne vous en servez pas. Enseignez à vos enfants de toujours se laver les mains après avoir joué dans la terre, et quand ils sont dans le jardin, dites-leur de ne pas se mettre les doigts dans la bouche, de se ronger les ongles par exemple ou encore de se sucer le pouce. La terre peut aussi véhiculer le tétanos. Si vous avez des doutes, informez-vous auprès de votre médecin si vous et vos enfants avez bien reçu les derniers vaccins contre le tétanos.

Assurez-vous toujours que les enfants portent un chapeau, de longues manches et de la crème solaire les jours ensoleillés, et évitez toujours de vous exposer au soleil de midi. On estime que 80 % de l'exposition totale au soleil d'une personne se produit dans les 18 premières années de sa vie. Il est donc très important que les personnes soient protégées dans leur enfance pour éviter qu'elles ne soient atteintes d'un cancer de la peau à l'âge adulte. Utilisez un écran solaire qui bloque les rayons UVA et UVB avec une protection solaire minimale (FPS) de 15, et achetez de nouveaux contenants tous les étés car les écrans solaires ont vraiment une date d'expiration.

Mesures préventives concernant l'eau

Ne laissez jamais les enfants sans surveillance s'il y a de l'eau dans votre jardin quel qu'en soit l'emplacement. Quelques centimètres d'eau suffisent pour se noyer et un accident peut survenir dans les circonstances les plus banales. J'ai déjà vécu quelque chose qui m'a fait si peur que j'ai retiré le très grand étang que nous avions dans le jardin, même s'il n'avait rien à voir avec l'incident. Je jardinais avec Henri (un bambin à l'époque) sans m'inquiéter car je savais que l'étang était clôturé, je ne me faisais donc pas trop de mauvais sang à l'idée qu'il puisse traîner autour pendant que je j'arrachais les mauvaises herbes. Jean, notre jardinier, a heureusement vu Henri en équilibre précaire sur le bord d'un contenant en plastique dans lequel s'était accumulée une petite quantité d'eau de pluie. Il avait du mal à poser son pied par terre et aurait pu tout aussi bien basculer à l'intérieur de celui-ci. Incapable de trouver la force nécessaire à se pousser hors de l'eau, il aurait pu se noyer en une fraction de seconde. Rien que d'y penser me rend encore malade.

Endroits où les enfants peuvent grimper

Les endroits présentant des risques de chutes doivent être pourvus d'une surface capable d'amortir le choc, par exemple des copeaux d'écorce (nous en utilisons beaucoup), ou un tapis en caoutchouc ou en plastique mais qui sont un peu plus chers. Si l'on utilise des copeaux d'écorce, il faut qu'ils forment une couche de 25 cm (10 po), et en vérifier périodiquement l'épaisseur. Le gazon, la terre ou le béton sont tout à fait inefficaces. Évitez le sable dans les aires de jeux puisque les enfants peuvent s'en mettre dans les yeux, le nez et les oreilles, et parce qu'il attirera les animaux qui s'en serviront comme litière. Surveillez aussi toujours les coins pointus, crochets, éclats de bois ou objets saillants dans lesquels les vêtements peuvent se prendre au passage. Évitez les planchers de bois dans les endroits ombragés car ce sont de véritables patinoires par temps pluvieux. Si vous y tenez mordicus, choisissez un produit antidérapant qui aidera à régler le problème une fois pour toutes.

Sécurité

- Assurez-vous que les barrières ferment bien et que, même si l'enfant se servait d'une chaise pour atteindre le dispositif de fermeture, il ne puisse l'ouvrir.

- Les trous dans la clôture ou les limites du jardin seront rapidement découverts par les petits curieux, aussi faut-il faire en sorte qu'ils ne présentent aucun danger ; les voisins pourraient bien avoir un étang dont vous ignorez l'existence ou un animal pas très gentil.

- Posez un embout protecteur à l'extrémité des tiges de bambou et des autres bâtons pour éviter que les enfants ne se blessent au passage.

- Si vous donnez une petite fête l'été dans le jardin, assurez-vous que des verres n'aient pas été oubliés çà et là. Ils pourraient se briser et les enfants pourraient se couper aux pieds.

Ce qu'il faut savoir

Semer des graines

Faire pousser des plantes à partir des graines est très gratifiant et aussi économique – l'autre jour j'ai vu des citrouilles à des prix pour lesquels je pourrais en faire pousser une centaine !

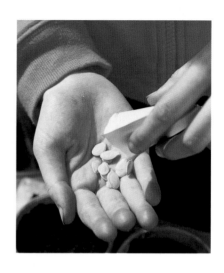

Suivez **toujours** les instructions à l'arrière du sachet ; certaines graines germent à la noirceur tandis que d'autres exigent un bord de fenêtre ensoleillé, et beaucoup de graines peuvent être mises directement en terre.

Pour semer des graines dans des pots ou des plateaux, utilisez un **compost** tout usage ou un compost spécial pour graines.

Toujours bien **distancer** les graines pour que l'éclaircissage soit moins pénible, ce qui produit des semis sains et vigoureux. Les graines semées trop densément donneront des plants tout en longueur et faibles.

Semez les graines dans un compost légèrement ferme et humide et à la profondeur indiquée sur le sachet. Couvrez de compost et tassez légèrement la terre.

Arrosez les semences à jet fin pour ne pas gêner leur croissance. N'utilisez pas d'eau très froide sur les très jeunes plants. L'eau tiède est préférable pour ne pas créer de choc !

Prendre soin des semences

En couvrant les plateaux ou les pots ensemencés d'un film autocollant, vous risquerez moins que le compost ne sèche pendant la germination. Le film aidera aussi à conserver la chaleur, mais il est important de toujours vérifier que le compost ne sèche pas.

À moins d'avis contraire, placez les plateaux et les pots dans un endroit chaud et ensoleillé jusqu'à ce que les graines aient germé.

Dès l'arrivée de la première pousse, retirez le film des pots et des plateaux.

Lorsque les jeunes plants sont assez gros pour être manipulés, il faut les repiquer et leur donner plus d'espace pour croître. Vous pouvez utiliser un crayon pour accomplir cette tâche. Arrosez-les bien avant de les repiquer pour minimiser les dommages aux racines.

Rempotez-les avec du compost frais, arrosez délicatement et n'oubliez pas d'étiqueter vos plants.

À la fin du printemps, quand la terre n'est plus gelée, vous pouvez sortir les semis dehors quelques heures par jour pour les préparer à la transplantation dans le jardin. Cette opération les rend plus résistants au froid si vous les exposer progressivement.

Transplantation des semis

Avant de planter, retirez toujours les mauvaises herbes, préparez le terrain en enlevant les grosses pierres et passez le râteau jusqu'à ce que la surface soit égalisée.

Manipulez toujours les jeunes plants **délicatement** lorsque vous les transplantez dans leur emplacement permanent de croissance. Arrosez-les bien, puis retirez les plants des pots en les tournant à l'envers et en donnant une petite tape sur le dessous du pot.

Creusez un trou assez grand pour accueillir chacun des plants et enterrez-les à la même hauteur à laquelle ils étaient dans le pot. Versez de l'eau dans le trou.

Mettez de la terre, délicatement, tout le tour du plant et arrosez de nouveau.

Si vous faites pousser les plants dans des **contenants,** assurez-vous qu'il y ait des trous de drainage dans le fond. Mettez une première couche de débris mélangés, morceaux de pots cassés, petites pierres, gravier ou morceaux de polystyrène avant d'ajouter le compost.

Laissez un **léger espace** en haut du contenant pour que l'eau ne déborde pas lorsque vous arroserez le plant.

Pour vous simplifier la vie

Songez à des pastilles d'engrais-retard et des granules hydro-rétentrices, vous aurez moins d'entretien à faire.

Si votre plantation exige plusieurs contenants, regroupez-les pour faciliter l'arrosage.

Certaines plantes, comme les tournesols (page 26), ont besoin d'un tuteur sans quoi elles s'affaisseront. Tiges de bambou et attaches pour le jardin feront l'affaire. Les pois peuvent pousser entre des petites branches.

Jardiner avec les enfants

Massif de tournesols

Massif de tournesols
Été
Quelques bouteilles de 2 litres de boisson gazeuse
Paquet de graines de tournesol : ne les oubliez pas !
Long tuteur : p. ex. une tige de bambou
Corde pour le jardin

Les grosses graines de tournesol (*Helianthus annuus*) sont faciles à manipuler pour les enfants et guère compliquées à faire pousser. Avec des proportions dignes de *Jacques et le haricot magique* cette annuelle résistante va germer, pousser, fleurir et donner des graines en une saison de croissance (ordinairement entre mai et octobre). Nous les plantons dans le sol, mais elles peuvent être facilement semées dans de gros pots ou de gros contenants remplis de compost tout usage, à condition que vous n'oubliez pas de les arroser.

Différentes tailles de tournesols sont offertes allant de 60 cm (2 pi) aux tournesols géants qui peuvent atteindre une incroyable hauteur de 5 m (15 pi). Vous pourriez en faire pousser de différentes hauteurs, les disposer par étages et ainsi créer un cœur de petites frimousses qui vous feraient sourire à coup sûr. Il existe aussi des variétés sans pollen pour ceux qui souffrent d'allergies comme la *Double Shine F1 hybride*, qui atteint 1,5 m (5 pi) de hauteur.

Pour dissuader les limaces de dévorer vos petits semis dès qu'ils surgissent et pour garder les graines au chaud et à l'humidité, coupez des bouteilles en plastique de boisson gazeuse de format 2 litres en deux. Mettez la partie supérieure de la bouteille par-dessus les graines une fois plantées (voir ci-contre). N'oubliez pas de retirer le bouchon pour qu'elles puissent avoir de l'air et que vous puissiez les arroser.

Enlevez les grosses pierres de l'emplacement choisi à la fin du mois d'avril. On peut faire pousser des tournesols dans n'importe quel type de terre, mais ils pousseront mieux dans un sol riche et bien drainé.

Plantez une seule graine à 2 cm (1 po) de profondeur et à environ 15 cm (6 po) de distance l'une de l'autre (la distance dépend de la variété de tournesol ; les géants pourraient devoir être plantés à 40 cm (16 po) les uns des autres). Couvrez-les de la demi bouteille de boisson gazeuse qui forme une cloche (voir description ci-contre). Les semis devraient apparaître dans les deux semaines et les fleurs environ 45 jours plus tard. Retirez les cloches lorsque les semis sont bien établis.

Arrosez quotidiennement pour que les graines soient toujours humides jusqu'à ce qu'elles soient bien établies, et continuez de les arroser à intervalles réguliers par la suite.

Si les plants semblent trop serrés, délicatement, déterrez-en quelques-uns et replantez-les ailleurs tout de suite.

Un tuteur de type tige de bambou aidera à soutenir les variétés de plus grande taille. Attachez le tournesol à la tige à l'aide d'une attache souple pour jardin.

La floraison commencera en juin et se poursuivra jusqu'au mois de septembre. Pour tirer le meilleur de vos graines, voir les conseils à la page suivante.

Pour tirer le meilleur de vos graines

Les graines de tournesols peuvent être semées à l'extérieur où elles pousseront à la fin du mois de mai.

Plantez les semis que vous aurez fait germer plus tôt à l'intérieur (à la mi avril) dans la position favorisant leur épanouissement, c'est-à-dire à 60 cm (24 po) de distance les uns des autres à compter du mois de mai, après la dernière gelée.

Si vous les **semez dans la maison,** remplissez des petits pots de compost humide pour graines, plantez une seule graine par pot et couvrez légèrement. Sortez les semis dehors quelques semaines avant de les repiquer au mois de mai pour qu'ils s'habituent aux conditions extérieures.

Choisissez un **endroit ensoleillé** (bien qu'elles tolèrent étonnamment bien un léger ombrage) pour semer vos graines ou transplanter les pots, face au soleil si possible si vous ne voulez pas que les tournesols vous tournent le dos plus tard !

Arrosez-les à intervalles réguliers.
Ajouter un engrais liquide à haute teneur en azote environ toutes les deux semaines favorisera la floraison de vos tournesols, mais ce n'est pas toujours nécessaire.

Admirez vos tournesols

- Pourquoi ne pas faire un concours visant à déterminer qui peut faire pousser les plus grands tournesols ? (Parents, à vous de montrer vos talents avec l'engrais liquide !)
- Encouragez vos enfants à peindre des tournesols. Montrez-leur les fameux tournesols de Van Gogh, ils s'en inspireront peut-être.
- Faites griller les graines dans le four pendant 40 minutes jusqu'à ce qu'elles deviennent brunes et croustillantes. Puis arrosez-les légèrement de sauce soya et vous obtiendrez une collation aussi délicieuse que nutritive, ou dégustez-les crues.

Le pouvoir des fleurs

Les graines de fleurs ou de légumes annuels en ruban qui sont offertes dans les centres de jardinage sont idéales pour les enfants car elles sont si simples à manipuler. Pour ce projet, la création de motifs audacieux et simples fonctionne très bien. Les enfants peuvent apprendre à écrire leur nom dès l'âge de trois ans et ainsi réaliser facilement ce projet avec un tout petit peu d'aide. Nos « graines en ruban » étaient des centaurées bleuets (*Centaurea cyanus*), des « Polka Dot mix » qui sont un mélange de plusieurs variétés naines de centaurées à fleurs doubles dans les teintes de bleu, rose, carmin et blanc, atteignant 40 cm (16 po) Les centaurées sont des annuelles résistantes, ce qui signifie qu'elles peuvent être semées sans danger à l'extérieur lorsque

la terre commence à se réchauffer au début du printemps pour fleurir en été.

On peut choisir d'autres annuelles résistantes parmi les suivantes : le Thlaspi en ombelle (*Iberis umbellata*), la nigelle de Damas (*Nigella damascena*), le limnanthe (*Limanthes douglasïi*) et le souci officinal (*Calendula officinalis*).

Vous pouvez semer les graines du mois d'avril au mois de mai. Choisissez un emplacement ensoleillé, bien drainé et exempt de mauvaises herbes. Certaines graines, comme celles du souci officinal, de la centaurée et du limnanthe peuvent être semées à l'extérieur à l'automne pour fleurir le printemps suivant.

Creusez un petit sillon dans le sol d'environ 13 mm (1/2 po) de profondeur et déposez-y le ruban en suivant la forme que vous aurez choisie.

Couvrez légèrement le ruban de terre et arrosez bien. De minuscules pousses apparaîtront bientôt. À mesure qu'ils croîtront, retirez quelques-uns des jeunes plants j'usqu'à ce qu'il y ait entre 15 et 23 cm (6-9 po) entre eux, pour leur permettre de grandir.

Arrachez toute mauvaise herbe et gardez le sol humide par temps sec.

Cœur de lierre

PLAGE D'ÂGE **Quatre ans et plus**

PÉRIODE DE L'ANNÉE **Printemps-hiver**

Cintre de broche

Lierre commun à petite feuilles
(*Hedera helix*) ; Nous en avons choisi un
qui présentait de nombreuses pousses
grimpantes pour créer un effet
immédiat, mais vous pouvez en
acheter un moins épanoui et le faire
grimper avec le temps.

Terreau

Contenant (Nous avons utilisé un pot
de terre cuite simple mais élégant)
avec un mélange de débris au fond
pour le drainage.

Lorsque vous jardinez avez les enfants, tenez toujours compte de leur personnalité et de leur humeur. Par exemple, semer des graines peut rapidement se transformer en pagaille générale et les enfants peuvent finir par perdre leur temps à tripoter la terre et oublier complètement les graines. Certains jours, il vaut mieux simplement apprécier qu'ils soient à l'extérieur, dans la nature et loin du lecteur vidéo ou de DVD. Des ajustements soudains sont nécessaires avec les enfants, comme c'est aussi le cas pour les grands enfants que nous sommes, et ce petit projet ne prendra que quelques minutes. Il capte facilement l'attention des enfants les plus distraits et produit une charmante sculpture naturelle, et qui va durer.

Prenez le cintre de broche et donnez-lui la forme d'un cœur.

Plantez le lierre dans le contenant en mettant d'abord un mélange de débris au fond. Commencez par mettre du terreau au fond du contenant, puis autour du lierre pour faire en sorte qu'il tienne bien en place.

Enfoncez le cintre dans le pot, au centre, et enroulez le lierre autour de la forme.

Dans le temps de le dire, vous aurez un cœur bien vivant. Arrosez le terreau à intervalles réguliers, dirigez les nouvelles pousses vers l'intérieur et taillez légèrement de temps en temps.

Autres suggestions

Vous pouvez faire d'autres formes d'animaux en vous servant de fil à gaine de plastique ; par exemples, des canards, des lapins, des chats, etc.

L'ajout d'un engrais liquide toutes les deux semaines vous donnera un cœur « rayonnant de santé ».

Vous pouvez toujours planter, au pied de votre cœur de lierre, de jolies plantes estivales à massif ou des plantes à croissance lente comme le Sempervivum ou le choux ornemental comme nous avons fait (voir page précédente).

Dinosaure de lierre

PLAGE D'ÂGE **Quatre ans et plus**

PÉRIODE DE L'ANNÉE **Printemps-hiver**

Cintre de broche

Contenant avec un mélange de débris
au fond pour le drainage

Terreau

Lierre commun à petite feuilles
(Hedera helix) (voir page 30)

Peu de sujets sont aussi fascinants que les dinosaures pour les gens, et il est stupéfiant de penser qu'ils ont rôdé sur cette planète 230 millions d'années plus tôt et qu'ils ont disparu il y a 65 millions d'années. Mes enfants adorent les dinosaures – disons plutôt ceux en peluche !

Comme le projet de cœur de lierre (voir page 30), celui-ci prend très peu de temps à réaliser (moins d'une demi-heure), et est destiné aux enfants de quatre ans et plus.

Coupez 2 m (6 pi, 6 po) de fil à gaine de plastique, faites une boucle et tordez les extrémités ensemble.

Donnez à la boucle la forme recherchée en faisant une queue, un corps à dos rond, un long cou et une tête, et n'oubliez pas de tordre les extrémités ensemble sur une longueur d'environ 15 cm (6 po) qu'on enfoncera dans le sol.

Remplissez de terreau le contenant que vous avez choisi et enfoncez-y la forme.

Plantez le lierre à la base du dinosaure en vous assurant que les deux tiennent bien en place et enroulez le lierre autour de la forme.

Au pied du dinosaure, plantez quelques sempervivum de votre choix et des variétés d'orpins à petites feuilles pour donner à l'œuvre une petit côté vraiment préhistorique.

À mesure que le **lierre pousse,** continuez de l'enrouler autour de la forme en le taillant légèrement au besoin. Arrosez-le à intervalles réguliers et donnez-lui tous les quinze jours un engrais liquide pour le tenir en excellente santé.

Au pied

Les variétés de Sempervivum indiquées comprennent :
Sempervivum tectorum (Joubarbe des toits)
et *S. arachnoideum* (Sempervivum toile d'araignée)

Les variétés de Sedum indiquées comprennent :
Sedum acre, (Orpin âcre) Sedum spathulifolium
purpurium et S. spurium (Orpin bâtard)

L'Arc-en-ciel de Roseline

PLAGE D'ÂGE **Quatre ans et plus**

PÉRIODE DE L'ANNÉE **Printemps-été**

Quelques jalons de même longueur pour délimiter les bandes de l'arc-en-ciel.
Corde
Graines d'annuelles
Ruban de chacune des couleurs de l'arc-en-ciel ou de la corde.
Compost tout usage pour les graines en trop.

Pour notre arc-en-ciel, nous avons planté des annuelles qui sont des graines dont le cycle de vie dure une année, c'est-à-dire que de la graine pousse une plante qui fleurit pour ensuite produire des graines et mourir – ce qui ne saurait être plus captivant pour les enfants. Bien qu'un arc-en-ciel ait sept couleurs (rouge, orange, jaune, vert, bleu, indigo et violet), nous n'en avons plantées que six puisque l'indigo est si près du bleu. Vous n'êtes pas obligé de réaliser un arc-en-ciel ; vous pouvez reproduire ce qui vous plaira, votre nom, par exemple, un drapeau ou votre tableau préféré.

Pour motiver encore davantage les enfants, nous avons dessiné les bandes de l'arc-en-ciel à l'aide de ruban de couleur pour avoir un peu de couleur à nous mettre sous les yeux en attendant que les annuelles fleurissent plus tard au cours de l'été. Bien sûr, de la corde fera l'affaire si vous n'avez pas de ruban à portée de la main.

Choisissez un endroit ensoleillé

du jardin (nous avons utilisé un carré surélevé de légumes), creusez et ratissez le sol jusqu'à ce que sa surface soit fine et friable. Faites bien attention d'enlever toutes les mauvaises herbes et les grosses pierres.

Tracez les limites de votre arc-en-ciel. Pour y parvenir, mesurez sa base et plantez un bâton à mi-chemin.

Pour créer le premier arc

attachez un bout de corde au premier bâton et reliez-le à un deuxième bâton placé là où commencera l'arc le plus à l'intérieur. Empoignez le deuxième bâton et, en tenant la corde bien tendue, tracez un demi cercle dans le sol.

Placez d'autres bâtons

sur la ligne ainsi tracée à intervalles réguliers pour bien marquer le contour de l'arc. Pour vous assurer que les jalons seront à égales distances les uns des autres, servez-vous d'un petit bout de bois pour mesurer la distance qui les séparera. Répétez l'opération pour chacun des arcs. Selon les dimensions de votre carré, il se peut que vous manquiez d'espace pour les contours comme les arcs deviendront de plus en plus grands.

Attachez chacun des rubans de couleur (nous avons commencé par le plus petit cercle, le violet) au premier bâton de chacun des arcs et reliez-les à chacun des bâtons restants pour former un demi cercle. Répétez avec la couleur suivante (le bleu) et ainsi de suite, pour terminer avec le rouge qui constitue le bord extérieur.

N'oubliez pas

de lire les instructions avant de planter les graines. La plupart des graines devraient être plantées à environ 6 mm (1/4 de po) de la surface, bien que d'autres peuvent exiger d'être enterrées plus profondément.

Arrosez à jet fin et continuez d'arroser

à intervalles réguliers par la suite.

Ayez les **mauvaises herbes** à l'œil

qui raffolent de ces conditions de croissance idéales. Plantez quelques graines de chacune des plantes dans de petits pots de compost tout usage pour vous aider à distinguer les fleurs des mauvaises herbes.

Lorsque **les semis** apparaissent, vous aurez

peut-être besoin d'en retirer quelques-uns pour leur donner l'espace dont ils ont besoin pour croître.

Choisir vos plantes

Achetez des annuelles qui fleurissent à peu près en même temps et sont de hauteur comparable. Nous avons utilisé :

Pour le rouge : le lin rouge (*Linum*)
Pour l'orangé : le souci officinal (*Calendula officinalis*)
Pour le jaune : l'onagre d'Adelbert von Chamisso (*Camissonia cheiranthifolia*)
Pour le vert : l'origan (*Origanum vulgare*)
Pour le bleu : *Legousia* 'Blue Carpet'
Pour le violet : *Swan river daisy* (*Brachyscome*)

Ces annuelles peuvent être semées à l'extérieur au mois de mai.

Les autres annuelles faciles à faire pousser comprennent :
la centaurées (*Centaurea*). Elles sont offertes en bleu, violet, rose et blanc.
Le limnanthe (*Limanthes douglasii*). Cette jolie annuelle présente un feuillage vert frais, et (vous l'avez deviné) sa fleur ressemble à un œuf poché !
Le *Zinnia* dont les couleurs comprennent l'écarlate et le jaune.

Sinon, vous pouvez trouver un grand nombre d'annuelles dans les centres de jardinage prêtes à être mises en terre.

Soucis officinaux

Centaurées bleuets

Épouvantails

PLAGE D'ÂGE **Six ans et plus**

PÉRIODE DE L'ANNÉE **Printemps-automne**

Deux solides tiges de bambou

Balle de corde solide pour le jardin

Vieille paire de collants

Vieux vêtements dont une blouse boutonnée devant, un pantalon, de vieux gants de jardin et un chapeau (Nous avons fait une razzia dans la boîte de déguisement de Harry et de Roseline)

Paille pour remplir les collants et les gants

Vieux ballon de soccer ou pot de fleurs en plastique pour faire la tête (enfin, le vieux ballon dégonflé va servir à quelque chose !)

Peinture extérieure pour peindre la tête et ajouter des caractéristiques

Bouchons de bouteilles pour les yeux

Vieux chapeau de fête pour le nez

Bonne colle résistante

Adulte avec une perceuse pour faire un trou dans le ballon

Pots de fleurs en plastique

Vieux gants de jardin

La vue d'un épouvantail au loin dans un champs a toujours été un objet de fascination pour moi. De voir qu'un agriculteur s'en serve toujours me réjouit, et, bien qu'ils soient rares, vous en verrez un à l'occasion qui captera votre regard et, l'espace d'un infime instant, à l'instar des corneilles, vous serez subjugué.

La construction d'un épouvantail commence par la bonne vieille ossature en forme de croix que vous pouvez faire à part. Les enfants peuvent aider quand il s'agit de fixer des choses avec de la corde ou de la colle, mais le projet exigera la supervision d'un adulte. Quelques paires de mains ne sont pas de trop lors de la construction. Rappelez-vous que plus votre épouvantail est solide, mieux c'est car le vent et la pluie viendront bientôt s'y fracasser, sans compter ce que les enfants en feront (les miens se sont pris d'amitié pour eux !)

Nous avons placé nos épouvantails dans les framboisiers où ils ont fait un travail hors pair pour ce qui est de divertir les enfants et faire fuir les intrus. Bien sûr il n'y a pas de règles strictes quand on construit un épouvantail, par conséquent amusez-vous et réinventez ce rituel des plus anciens.

Pour former
la base de l'épouvantail, tenez une des tiges de bambou debout avec l'extrémité la plus épaisse vers le bas.

Attachez-y
la plus courte des tiges de manière à former une croix. Utilisez de la corde pour le jardin et fixez la tige horizontale à la hauteur des bras. Assurez-vous que l'ossature soit assez solide pour affronter les éléments, les oiseaux et les enfants !

Remplissez les vieux collants
de paille pour former les jambes et attachez-les à la croix de bambou.

Attachez les vêtements.
Une chemise s'ouvrant à l'avant vous simplifiera la tâche, mais on peut tout simplement lui mettre une robe de princesse.

Faites glisser
les jambes dans le pantalon et attachez celui-ci. Nous avons fait passer la corde autour des bras pour plus de sécurité.

Faites la tête
à l'aide d'un vieux ballon de soccer ou d'un vieux pot de fleurs (voir au verso), puis attachez-la à l'ossature de bois.

Remplissez les vieux gants
de jardin de paille et attachez-les à chacun des bras.

Pot de fleurs en guise de tête

Le dessous du pot formant le dessus de la tête, collez des bouchons de bouteilles pour faire les yeux.

Coupez un vieux chapeau de fête pour faire le nez, rattachez l'élastique là où il se doit et faites glisser le chapeau sur le pot de fleur. Ensuite peignez la bouche.

Tenez la tête contre la tige et demandez à un adulte de couper le bout de trop. Placez le pot de fleurs sur la tige – nous nous sommes aperçus que l'un des trous du pot était de la même dimension que la tige, ce qui a aidé à sa solidité.

Au chapeau maintenant !

Ballon de soccer en guise de tête

Demandez à un adulte de percer un trou dans le vieux ballon de soccer, puis peignez le ballon de la couleur qu'il vous plaira (nous avons utilisé de la peinture acrylique pour l'extérieur qui résiste aux intempéries et ne présente guère de risque pour les enfants). Laissez sécher.

Collez les bouchons de bouteilles correspondant aux yeux et au nez. Puis collez le chapeau du pot de fleurs et laissez sécher.

Coupez la tige comme vous l'avez fait pour le pot de fleurs servant de tête et faites glisser le ballon de soccer par-dessus la tige, enfin peignez la bouche.

Hutte de tiges de saule

PLAGE D'ÂGE **Huit ans et plus**

PÉRIODE DE L'ANNÉE **Printemps-été**

Une bonne quantité de jeunes saules *Salix triandra* pour renforcer la structure et pour les fenêtres

Jalons

Corde

Bêche et pointe pour lever les mottes de gazon et faire des trous

Morceaux d'écorce

Compost

Corde biodégradable

Le meilleur temps pour planter une structure de saules vivants, se situe entre la mi-avril et la fin du mois de mai quand les premières pluies printanières aident les racines à s'établir. Les jeunes saules sont si polyvalents, ils peuvent être utilisés de toutes sortes de façons ; j'en ai déjà vu faire de magnifiques tunnels, de belles tonnelles champêtres, de merveilleuses clôtures feuillues et de splendides sculptures.

Nous avons utilisé trois différentes sortes de saules. Pour la partie principale de la hutte, nous avons planté un hybride rouge (Salix caprea, cinera, viminalis, caladendron) dont la tige est d'un rouge velouté. Pour ceux plantés à la diagonale, nous avons pris de l'osier blanc (Salix viminalis) dont la tige est d'un jaune vert contrastant. Le saule non vivant que nous avons utilisé pour l'entrelacement était le Salix triandra.

Les saules se vendent à l'unité (ou il faut procéder par bouturage et, dans ce cas, il est important de garder toutes les tiges dans l'eau pour s'assurer qu'elles feront des racines lorsqu'on les plantera).

Délimiter l'emplacement

de la hutte en créant un cercle parfait – le nôtre a un diamètre de 2 m (6 pi). Pour y parvenir, fichez un bâton dans le sol au centre de ce que sera la hutte. Attachez-y un bout de corde (dans notre cas, de 1 m (3 pi) de long) et tenez-la tendue. Attachez un petit bâton à l'autre extrémité et commencez à tracer le périmètre de la hutte.

Utilisez des **petits bouts** de saule pour délimiter le contour. Une fois la chose terminée, retirez le gazon pour révéler le sol en dessous.

Couvrez le sol de morceaux d'écorce

en laissant un petit espace de terre tout autour, à l'extérieur
(là où vous planterez les tiges de saules).

À l'aide d'une pointe, faites des trous

d'environ 30 cm (12 po) de profondeur tous les 20 cm (8 po) selon
ce que vous désirez, pour votre hutte, soit un tressage étroit ou
non. Nous nous sommes servis d'un petit bout de bouleau pour
nous assurer d'avoir le même espace entre les trous.

Remplissez chacun des trous de compost, puis arrosez.

Il s'agit de saturer le trou pour qu'il soit prêt à recevoir le saule.

À l'entrée de la hutte, faites trois ou quatre trous tout près

les uns des autres, des deux côtés, pour qu'on puisse y planter plusieurs tiges
ensemble de façon à ce que l'entrée soit vraiment solide.

Vous êtes maintenant prêt à **commencer** la plantation des tiges
hybrides rouges. À l'aide d'un sécateur, coupez en biseau l'extrémité inférieure
des tiges de saule et mettez-les dans chacun des trous. Tenez-les fermement près
de la base et ajoutez du compost en tassant légèrement la terre.

Complétez la plantation

des tiges de saule tout le tour du cercle.

Déterminez la hauteur de l'entrée en demandant au plus grand des enfants de se tenir debout contre la charpente. Bien sûr, les grands enfants que nous sommes ne sont pas exclus de cet exercice !

Tordez et attachez ensemble les tiges de saules regroupées qui formeront la porte d'entrée. Les portes, par où passent les enfants en s'amusant, doivent être faites de plusieurs tiges plantées ensemble pour être solides.

Plantez les tiges à la diagonale (les tiges d'osier) exactement de la même façon que les tiges du premier cercle, mais en formant un cercle extérieur. Il s'agit de faire passer les tiges diagonales entre les tiges verticales. La plantation en diagonal renforce la structure, favorise les pousses qui croissent verticalement et vient clore la hutte.

Entrelacez les tiges diagonales et les tiges verticales en vous assurant de le faire dans les deux sens pour accroître la solidité.

En même temps, **entrelacez les tiges** de saule amandier (Salix triandra) horizontales tout le tour de la hutte à une faible distance du haut de la porte pour accroître la solidité. Nous avons arrêté notre entrelacement à la diagonale à cette hauteur.

Pour faire les fenêtres, que nous avons placées à la hauteur de la tête

des enfants, nous avons utilisé des tiges de saule amandier (*salix triandra*). Nous les avons attachées à la structure à l'aide de cordes biodégradables et entrelacées dans celle-ci.

Utilisez de longues tiges de saule amandier (*salix triandra*) pour maintenir

ensemble la partie supérieure des tiges verticales et donc fermer la hutte. Un cercle de saule amandier (salix triandra) entrelacé dans la structure près de la pointe accroît la solidité.

Bien arroser votre hutte tout l'été

jusqu'à ce que les saules soient bien établis.

Le saule vivant

Le saule tolère la plupart des types de sols et s'épanouit dans un sol argileux rétenteur d'eau. Les saules que j'ai utilisés ne font pas de racines envahissantes, mais il faut faire attention de ne pas les planter trop près de la maison ou des drains. Pendant la saison de croissance, entrelacez les nouvelles pousses ; en hiver ou au début du printemps alors que le saule dort, taillez-le légèrement et donnez-lui la forme désirée. Plantez des annuelles comme des pois de senteur (*Lathyrus odoratus*), des pavots ou des capucines grimpantes (*Tropaeolum*) à la base du cercle pour la couleur et le parfum.

Rappelez-vous que planter des saules vivants n'est pas une science exacte ; la perfection n'est pas de mise. Vous découvrirez rapidement la façon de travailler avec les saules, alors ne soyez pas timide, tentez le coup !

Baguette magique en forme d'étoile

Les baguettes magiques en forme de cœur ou d'étoile sont faciles et amusantes à faire et constituent un bon moyen d'utiliser les tiges qui restent de la hutte ou de n'importe quelle autre construction pour le jardin. Ces baguettes sont mignonnes comme tout, en bordure de massifs de fleurs et sont utiles du fait qu'elles peuvent indiquer les endroits où vous avez planté des bulbes. Nous avons enfoui quelques-unes de nos baguettes dans le sol – elles ont fait des racines et donné de magnifiques feuilles ! Nous avons aussi fabriqué une grande baguette magique en forme d'étoile que nous avons fixée au sommet de la hutte.

Prenez un petit bout de tige de saule amandier (Salix triandra) et faites un 'M' avec la partie la plus mince.

Un M étant constitué de **deux triangles,** faites glisser celui de gauche par-dessus celui de droite de manière à obtenir trois pointes. Pour faire la quatrième pointe, faites passer l'extrémité mince de la tige à travers le plus grand triangle.

Pour créer la cinquième et dernière pointe de l'étoile, faites repasser l'extrémité mince de la tige à travers l'étoile. Enfin, tordez l'extrémité mince autour de la tige principale.

Baguette magique en forme de cœur

Les baguettes magiques en forme de cœur sont légèrement plus simples à fabriquer que celles en forme d'étoile et elles ont fière allure comme décoration de contenant ou garniture à chapeau d'épouvantail. Nous avons aussi fabriqué des jeux de « tictacto » et des oiseaux à longues pattes !

Le saule vert fraîchement coupé est idéal pour le tressage fin. Il n'est pas nécessaire de le mettre dans l'eau puisqu'il est assez souple. Il peut garder sa flexibilité jusqu'à six semaines. Si vous avez acheté des paquets de tiges de saule et que vous désirez les remiser, défaites-les pour permettre à l'air de circuler et rangez-les dans un endroit frais à l'ombre. Une fois séché, il devient brun et exige d'être mis dans l'eau pendant cinq à six jours avant d'être utilisé.

Prenez une tige souple de saule amandier (*salix triandra*) et faites une boucle environ aux trois-quarts de sa base pour former la pointe inférieure du cœur.

Ensuite, il suffit de faire une autre boucle avec **l'extrémité mince** de la tige et de faire passer celle-ci dans la première boucle, puis dans la seconde.

Enfin, **attachez l'extrémité mince** de la tige à la tige principale autour de la base du cœur.

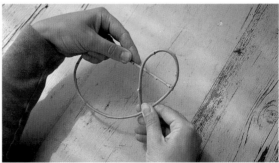

Courgettes

Quatre ans et plus
Printemps-été
Pots de 5-7 cm (2-3 po)
Compost tout usage
Graines de courgette
Engrais à tomate

Les courgettes poussent relativement vite, elles sont par conséquent idéales pour les enfants. Elles sont aussi bonnes au goût et peuvent être râpées crues avec des carottes ou consommées en sandwiches et constituer ainsi une collation saine et nutritive. Les fleurs aussi sont comestibles et peuvent être plongées dans de la pâte à frire et frites ou accompagnées de riz, de poivron, d'oignon et d'ail. Faire pousser des légumes dans des contenants est une solution intéressante pour ceux qui manquent d'espace ou pour les enfants qui peuvent alors les voir se transformer sous leur nez.

Il faut beaucoup d'eau, surtout lorsque les plantes sont en fleurs et, bien sûr, au moment où le fruit commence à grossir. Une bonne façon d'empêcher de voir à ce que les contenants ne manquent pas d'eau est d'utiliser des cristaux hydrorétenteurs, surtout en été, et vous pouvez en mettre avant la plantation. Vous pouvez aussi utiliser des granules d'engrais-retard qui fournissent des nutriments tout au long de la période de croissance. Choisissez toujours de grands contenants parce qu'ils ne s'assèchent pas aussi rapidement, et assurez-vous qu'ils sont bien drainés. Les contenants en paillis aident à conserver l'humidité. Employez du terreau de feuilles, de la paille, du compost de champignon usé ou du compost à jardin. Une fois que la plante commence à produire des fruits, cueillez-les à intervalles réguliers pour stimuler leur production ...vous serez renversés de voir à quel point elle donne rapidement de plus en plus de courgettes.

Remplissez des pots

de compost tout usage.

Les graines sont

grosses et plates et il est préférable de les planter de côté avec la pointe vers le bas (autrement elles risquent de devenir trop humides et de pourrir). Il est aussi souhaitable de les mettre dans l'eau toute la nuit avant de les planter.

Variétés à essayer

L'*Ambassador F1* donne une récolte exceptionnelle de petits fruits vert foncé extrêmement savoureux.
La *Leprechaun* est une variété décorative qui produit de petits fruits ronds.
La *Bambino F1* donne de tout petits fruits vert foncé sur une longue période.

On peut faire pousser de nombreux légumes dans des contenants et les variétés produisant des mini légumes sont particulièrement délicieuses. Elles sont spécialement cultivées ou choisies pour être cueillies tôt ou semées plus près les unes des autres que les variétés de taille normale - et elles aussi sont vraiment délicieuses.

Mettez une graine par pot et tassez délicatement la terre.

Arrosez abondamment et déposez le pot

sur le bord d'une fenêtre que le soleil chauffe. Lorsque la plante aura produit quelques feuilles, rendez-la plus résistante au froid en la sortant dehors le jour, mais n'oubliez pas de la rentrer le soir.

Quand il n'y aura plus de risque de gel, ## repiquez les plants de courgettes et placez-les
dans un endroit ensoleillé bien à l'abri.

Soutenez les variétés rampantes en leur fournissant un tuteur

(une tige de bambou) ou faites passer les tiges dans un treillis. Choisissez des variétés qui n'ont pas besoin de tuteur ou alors de petite taille lorsque vous faites pousser des courgettes dans des contenants. Épincez les points de croissance des variétés rampantes lorsqu'elles atteindront 60 cm (2 pi) de longueur.

Arrosez généreusement et lorsque les fruits

commenceront à grossir, donnez-leur un engrais à tomates toutes les deux semaines.

Arachides

PLAGE D'ÂGE **Quatre ans et plus**
PÉRIODE DE L'ANNÉE **Printemps-automne**
Poignée d'arachides
Petit pot de fleurs
Compost tout usage
Sac en plastique transparent

Les peanuts ou arachides ne sont pas vraiment des noix. Les noix poussent dans les arbres alors que les arachides poussent dans le sol et font partie de la même famille que les pois et les fèves. Les arachides deviennent de magnifiques plantes avec des feuilles rondes et des fleurs jaunes et croissent sans difficulté. Récolter des arachides est un peu plus difficile, mais ça vaut la peine d'essayer.

Plantez les arachides en avril ou en mai et surveillez les fleurs jaunes qui deviendront au cours de l'été, des gousses brunes. Chose étonnante, ces gousses poussent vers le bas et s'enterrent toutes seules prêtes à pousser.

Faites une fente dans l'écale de l'arachide afin que l'eau puisse atteindre les graines à l'intérieur et ainsi accélérer la croissance.

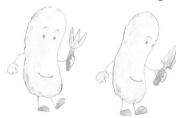

Prenez un contenant avec des trous de drainage remplissez-le presque jusqu'au bord de compost tout usage, puis arrosez.

Placez les arachides **sur le compost,** couvrez-les d'un peu plus de compost et arrosez de nouveau.

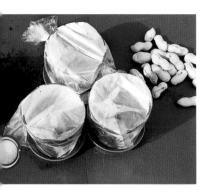

Couvrez les pots avec un sac en plastique transparent et fermez celui-ci avec

une attache. Les arachides pourront ainsi conserver leur humidité et ne sécheront donc pas. Mettez les pots dans un placard aéré ou un autre endroit chaud. Jetez un coup d'œil à intervalles réguliers puis arrosez pour qu'ils ne manquent pas d'eau.

Lorsque les premières pousses surgiront, enlevez le sac en plastique et déposez le pot sur un bord de fenêtre ensoleillé.

À mesure que les jeunes plants se développent, rempotez-les en groupes (ils préfèrent pousser ensemble) dans un gros pot rempli de compost tout usage. Il faut un gros pot car ils ont besoin d'espace pour enterrer leurs semences.

Bien arroser et à intervalles réguliers par la suite. Il faut éviter de donner de l'engrais aux jeunes plants car cela les privera de floraison et donc d'arachides.

Lorsque la plante est en fleur, mettez-la au jardin pour que les abeilles puissent la polliniser. On devrait obtenir une récolte en automne lorsque la plante jaunit et meurt. Il suffit alors de la déterrer. Vous verrez des arachides se développer à l'extrémité des gynophores.

Autres pépins à faire pousser

Les pépins d'agrumes doivent être mis à tremper pendant deux jours et ils poussent bien dans du compost à base de sable. Par conséquent mélangez du sable fin avec un compost tout usage et arrosez bien avant de planter. Semez quelques graines en surface et couvrez d'un cm ($^1/_2$ po) du même mélange. Puis faites comme avec les arachides, couvrez les pots avec un sac en plastique et mettez-les dans un endroit chaud. La même chose vaut pour les pépins de pommes à la différence que les petits pommiers sont résistants et peuvent croître à l'extérieur, bien que plusieurs années puissent être nécessaires avant l'apparition des premiers fruits.

Les avocats font de bonnes plantes domestiques, sont faciles à faire pousser et leur croissance est rapide. Choisissez un noyau d'avocat très mûr et mettez-le dans l'eau quelques jours. Plantez le noyau dans un pot de dimension moyenne avec du compost tout usage et assurez-vous toujours qu'il a des trous de drainage. Saturez le pot d'eau et plantez le noyau le gros bout vers le bas avec la partie supérieure qui émerge à peine de terre. Puis, faites-lui subir le régime du sac en plastique, du placard et du bord de fenêtre ensoleillé ! Pour que la plante soit fournie, coupez les points de croissance de temps en temps et ajoutez de l'engrais en été.

Tomates

Quatre ans et plus
Printemps-automne

Contenants, avec un mélange de débris au fond pour le drainage.
Compost tout usage
Graines de tomates
Vieux tamis
Film autocollant

Nous plantons toujours la « Tumbler » qui est une variété naine rampante spécialement cultivée pour les contenants que nous mettons près de la porte arrière, à l'extérieur, pour faciliter la cueillette. Le plant produit des fruits sur une longue période, lesquels sont toujours délicieusement sucrés et faciles à faire pousser ; les petits fruits conviennent aussi à merveille aux petites mains.

Faire pousser des plants à partir d'une graine est tout ce qu'il y a de plus simple et en vaut la peine, mais si le temps vous manque, ne vous en faites pas, les centres de jardinage ont toujours une bonne quantité de plants prêts à planter à la fin du printemps. Les plants pour contenants poussent bien dans un compost de bonne qualité et dans des contenants d'environ 30 cm (12 po) de largeur, ou utilisez des sacs de culture.

Lorsque les plants commencent a produire des fruits, vous pouvez favoriser leur croissance en leur donnant un engrais liquide pour tomates une fois par semaine – les tomates sont des plantes qui ont de gros appétits.

Remplissez un pot ou un plateau pour graines avec du compost tout usage.
Assurez-vous qu'il soit bien drainé et qu'il y a un mélange de débris dans le fond. Arrosez bien, puis nivelez et tassez légèrement le compost.

Répandez quelques graines de tomates (pas trop)
sur la surface et couvrez d'une fine couche de compost tamisé.

couvrir d'un film autocollant aidera à conserver l'humidité et favorisera la germination qui devrait prendre environ dix jours.

À l'arrivée des semis, **repiquez-les** dans des pots individuels. Utilisez un crayon pour effectuer ce travail ou un plantoir. Secouez délicatement et progressivement le jeune plant et avec beaucoup de soin, tirez-le par les feuille et non par la tige.

Plantez chaque plant dans un pot individuel et déposez celui-ci sur le bord d'une fenêtre bien éclairée où le plant poussera rapidement.

Faites en sorte que les plants aient toujours un **bon apport d'eau,** mais faites attention de ne pas trop les arroser. On peut les planter à l'extérieur à la fin du mois de mai, une fois tout risque de gel passé.

Obtenir une bonne récolte

Parmi les bonnes variétés de tomates qui poussent bien à l'extérieur, mentionnons : la Siberia, l'hybride Miracle sweet, l'hybride Bush Celebrity et l'hybride Floramerica.

Nous avons planté un à trois plants par contenant (selon leur taille) et nous les avons placés à l'abri dans un endroit ensoleillé. Les 'Tumbler' n'ont pas besoin de tuteur, mais pour d'autres variétés, il est préférable de mettre une tige de bambou dans le pot et d'attacher le plant après à l'aide d'attaches pour jardin. Coupez les points de croissance après quatre ou cinq paires de feuilles pour que la plante concentre tous ses efforts au mûrissement des fruits.

Citrouilles

Quatre ans et plus
Printemps-automne
Petits pots avec un mélange
de débris au fond pour le drainage
Compost tout usage
Graines de citrouille
Fumier bien décomposé
Compost pour jardin

Que serait l'Halloween sans les citrouilles ? Encore que d'avoir à les vider et à découper les yeux et la bouche représente beaucoup plus de travail que vous ne l'imaginez. Pour être passée par là à quelques reprises, je sais maintenant qu'il vaut mieux découpez la citrouille quand elle est petite, ainsi, à mesure qu'elle pousse, les traits représentés grandissent aussi. Brillant, n'est-ce pas ! Il est très facile de les faire pousser et une fois qu'elles sont plantées, elles produisent rapidement des fleurs et des fruits. Lorsque les citrouilles sont de petite taille, les enfants peuvent dessiner des figures simples sur plusieurs d'entre elles. Un adulte peut alors suivre les figures à l'aide d'un couteau, en perçant la peau. Figures et citrouille grandiront en même temps. Notre citrouille a un sourire qui n'en finit plus de grandir. Pour faire différent, vous pourriez essayer d'écrire des noms sur les vôtres.

Pour bien pousser, les citrouilles ont besoin d'un sol riche avec beaucoup de fumier bien décomposé, plein de soleil et des arrosages périodiques. Faire tremper les graines dans de l'eau chaude vingt-quatre heures avant de les planter accélérera la germination.

Fleurs de citrouille

La plupart des plants de citrouille présentent des fleurs mâles (qui portent le pollen) et des fleurs femelles (porteuses du pistil). Parfois, la plante commence à produire des fleurs en juillet ; au début ce seront toutes des fleurs mâles, les fleurs femelles suivront quelques semaines plus tard.

Je trouve fort intéressant que la plupart des fleurs soient hermaphrodites – c'est-à-dire bisexuées – mais sur les plants de citrouille, on peut observer les fleurs femelles et les fleurs mâles séparément. Les fleurs mâles sont sur des tiges minces à environ 20 cm (8 po) au-dessus de la plante alors que les fleurs femelles sont près de la plante avec un tout petit bébé citrouille entre la fleur et la tige. Pour que ces bébés citrouilles atteignent leur taille normale, il faut que la fleur femelle soit pollinisée par une abeille ou tout autre insecte ; si ce n'est pas le cas, ils vont se flétrir et mourir.

Pour assurer la pollinisation des fleurs femelles, certains jardiniers donnent un petit coup de main à la nature en cueillant une fleur mâle dont ils frottent l'étamine avec le pollen contre le stigmate de la fleur femelle...on croit rêver !

Fleur mâle

Fleur femelle

Remplissez des pots individuels de compost tout usage.

Semez les graines entre la mi-avril et la mi-mai en commençant par faire un petit trou avec votre doigt.

Plantez la graine de citrouille, une par pot, avec le côté

pointu vers le bas et sur le côté et non pas à plat. Ajoutez du compost et tassez légèrement la terre.

Arrosez et gardez à la chaleur. Au début nous

avons placé les nôtres sur un bord de fenêtre ensoleillé pour les transférer ensuite dans une serre à l'abri du gel.

Creusez des trous pour repiquer les citrouilles lorsque les plants

sont établis et qu'il n'y a plus de risque de gel (généralement vers la fin du mois de mai). Si vous plantez plusieurs plants, assurez-vous de faire les trous à 1 m (3 pi) de distance.

Avant la plantation, ajoutez une bonne quantité de fumier bien décomposé et de compost pour jardin à la terre. Les citrouilles sont des plantes gourmandes.

Carré de citrouilles

Délicatement, mettez un bébé citrouille dans un contenant carré en plastique. La citrouille poussera en épousant sa forme. Taillez le contenant et retirez-le et voilà une citrouille en forme de gros dé à jouer !

Passez une corde autour d'une jeune citrouille verte et, à mesure qu'elle poussera, ses deux extrémité gonfleront et prendront l'allure d'une poupée russe.

Procurez-vous la variété « Jack-O-Lantern » et si vous désirez faire pousser une citrouille VRAIMENT IMMENSE, choisissez l'« Atlantic Giant », vous battrez peut-être un record.

Retirez la plante du pot en

retournant celui-ci délicatement, plantez-la dans le trou et tassez légèrement la terre.

Faites en sorte qu'elle ne manque jamais d'eau - c'est essentiel pour qu'elle atteigne une très grande taille. Les citrouilles sont constituées de 90% d'eau. Un engrais liquide toutes les deux semaines peut aussi aider.

Une fois le nombre de citrouilles désirées atteint, coupez les points de croissance. Réduire le nombre de fruits à un ou deux par plant vous assurera de plus gros fruits. Épincer l'extrémité des pousses lorsqu'elles atteignent 60 cm (24 po) donnera une plante fournie.

Pois

PLAGE D'ÂGE **Cinq ans et plus**
PÉRIODE DE L'ANNÉE **Printemps-automne**

Fumier
Tiges de bambou ou
autre type de tuteur
Corde pour jardin
Rameaux de saule
Graines de pois

L'un des mes souvenirs estivaux préférés est quand nous marchions Roseline et moi dans le potager et dévorions de délicieux petits pois sucrés. Non seulement les pois sont-ils bons à manger, mais ils sont d'une beauté toute particulière, produisent de jolies fleurs et de délicates vrilles qui s'enroulent en spirale ; sans compter qu'ils sont pleins de vitamines et de minéraux. Ne laissez pas les pois trop mûrir sur la plante car la production sera alors considérablement ralentie, plus vous en cueillez, plus vous en aurez, c'est aussi simple que ça.

Plantez différentes variétés pour que vous puissiez manger des pois frais du jardin du mois de mai au mois d'octobre ; elles prennent toutes environ trois mois à mûrir depuis l'ensemencement (voir ci-dessous). Les pois poussent mieux dans un sol riche, bien bêché et préfèrent un emplacement ensoleillé à l'abri. Ne plantez jamais de pois dans un sol humide et froid. Enterrez du fumier bien décomposé à l'automne si possible, ainsi vos graines de pois trouveront de bons éléments nutritifs au mois de mai lorsque vous les planterez. Il est tout à fait facile de faire pousser des pois dans un contenant en mettant un support de type wigwam à leur disposition ; comme on fait pour faire pousser des pois de senteur. Tous les types de pois donneront une meilleure récolte si vous leur fournissez un support quelconque, qu'il s'agisse de tuteurs pour pois faits de bois de fagot ou de tiges de bambou comme nous avons utilisées, entrelacées de branches de saule. On peut installer le tuteur avant la plantation ou au moment où les jeunes plants émergent, et vous pouvez planter les pois en rangées simples ou doubles.

Je fais pousser des soucis officinaux (Calendula officinalis) dans le potager qui s'ensemencent eux-mêmes un peu partout. Non seulement créent-ils une explosion de couleurs, mais ils attirent aussi les insectes utiles tels les coccinelles, les syrphes et les chrysopes dans le jardin.

Pour tirer le meilleur de vos pois

Les « Petite merveille », « Extra hâtif du printemps » et « Monsieur Big » sont plus résistantes que les autres variétés de pois et peuvent aussi être semées directement dans le sol à la mi-avril si vous pouvez recouvrir les semis et les plants d'une cloche. Les variétés qu'il convient de semer du début du printemps à l'été comprennent la « Kelvedon Wonder », la « Green arrow » et la « Super Sugar Snap » qui est un pois du type mange-tout très sucré qu'on peut manger avec la gousse.

Pour aider à prévenir les maladies, ne faites jamais pousser les pois au même endroit plus d'une année. Une fois la récolte terminée, laissez les racines dans la terre puisqu'elles aident à améliorer la fertilité du sol.

Enfoncez bien les tiges de bambou dans le sol par groupe de deux à quelque 60 cm (2 pi) de distance l'une de l'autre.

Attachez les tiges de chacune des paires ensemble à environ 1,5 m (5 pi) du sol à l'aide de corde pour jardin.

Mettez une tige horizontale entre les deux têtes de tiges verticales et attachez le tout.

Entrelacez des branches de saule entre les tiges à intervalles assez rapprochés pour que les vrilles de la plante s'y enroulent.

Creusez un petit sillon

peu profond, 2.5 - 5 cm (1 -2 po), déposez les graines sur un sol humide à 5 - 7 cm (2 - 3 po) de distance les unes des autres, couvrez de terre et arrosez.

Au fur et à mesure que les jeunes plants se développeront, les vrilles s'agripperont au tuteur. Remettez délicatement les tiges rampantes sur celui-ci.

Ne permettez pas aux mauvaises herbes de s'installer, arrosez de temps en temps, surtout en période de sécheresse.

Tour de fraisiers

PLAGE D'ÂGE **Six ans et plus**
PÉRIODE DE L'ANNÉE **Fin du printemps-automne**
Trois pots de taille différente
avec un mélange de débris a fond
Compost tout usage
Fraisiers, cinq ou six feront l'affaire

Vous savez que l'été est vraiment arrivé lorsque les fraises sont mûres. Les marchés regorgent de ces fraises aux couleurs artificielles, faussement parfaites et bizarrement grosses, (Fragaria x ananassa) qui, bien sûr, ne sont pas aussi bonnes au goût et pour lesquelles on se demande quel procédé de transformation a bien pu leur donner cette air de santé. Faire pousser vos propres fraises est un bien meilleur choix car vous savez exactement ce qui les a nourries, et les planter dans des contenants signifie que le fruit ne touche pas le sol et qu'il est ainsi plus facile d'empêcher les limaces de goûter à votre juteux produit.

La plupart du temps, quand on ne réussit pas à faire pousser des fraisiers, c'est qu'on les arrose trop. Par conséquent, assurez-vous de ne jamais saturer le sol d'eau. Les nutriments que contient le compost frais devraient être suffisans pour permettre à la plante de bien croître jusqu'à la floraison. Ensuite, donnez-lui, toutes les semaines, un engrais liquide à haute teneur en potasse et à faible teneur en nitrate; par exemple, de l'engrais à tomates, jusqu'à ce que les fruits commencent à avoir de la couleur. Au mois de juin, les plants commencent à produire des stolons sur lesquels des coulants se formeront. Coupez-les dès leur apparition pour forcer la plante à continuer de produire de fruits.

En choisissant différentes variétés (voir ci-contre) il est possible d'avoir vos propres fraises du milieu du mois de juin au mois d'octobre.

Mettez un mélange de débris dans le fond du plus grand pot et remplissez-le de compost. Faites la même chose avec les deux autres pots et arrosez bien.

Mettez les pots l'un par-dessus l'autre.

Prenez les plants de fraises un à un et plantez-les. Assurez-vous que la couronne - le point où les racines et les feuilles se rencontrent - soit juste au-dessus de niveau du sol. Tassez délicatement la terre autour.

Placez-les pots dans un endroit ensoleillé à l'abri et arrosez périodiquement. À mesure qu'ils grandiront, les fraisiers déborderont des pots et créeront un effet de cascade.

Arrosez toujours les plants de fraises près de la couronne. Arroser avec un boyau favorisera les maladies et les fruits mouillés peuvent prendre une maladie fongique appelée botrytis.

Choisissez vos variétés

Variétés du début de l'été (produisant des fruits de juin au début juillet) :
« Elvira », « Honeoye », « Rosie » (nous ne pouvions pas ne pas planter celle-là !)

Variétés du milieu de l'été (produisant des fruits tout le mois de juillet) :
« Chambly », « Elsanta », « Pegasus »

Variétés de la fin de l'été (de la mi-juillet au début du mois d'août) :
« Alice », « Florence », « Sparkle »

Variétés produisant une petite quantité de fruits tout au long de l'été, mais la saison peut se prolonger jusqu'à la fin septembre :
« Aromas », « Mara des Bois », « Viva rosa »

Mosaïque composées
de morceaux de céramique

PLAGE D'ÂGE **Six ans et plus**
PÉRIODE DE L'ANNÉE **Début de l'été**

Papier et marqueur indélébile
Gants et lunettes de sécurité
Tout type de carreaux résistants au gel si posés à l'extérieur
Morceaux de céramique en feuille ou en vrac
Vieux carreaux (facultatif) à briser en morceaux
Adhésif à carreaux de céramique, à l'épreuve de l'eau
si posés à l'extérieur
Spatule ou vieux couteau à beurre pour étendre l'adhésif et le coulis
Coulis
Éponge (humide) pour enlever l'excès de coulis

Je possède toujours cette petite mosaïque composée de coquillages que j'ai créée au camp Brownie à l'âge de dix ans. Nous étions tous allés demeurer à Frinton et nous avions ramassé sur la plage des coquillages que nous avions collés au fond d'une boîte de Dairy Lee de forme triangulaire à l'aide d'un mélange de Polyfilla ! Nous avions pressé une pince à cheveux dans le mélange tout au haut pour pouvoir la suspendre une fois sèche, et suspendue elle le fut, durant des années... chère maman !

Les mosaïques de carreaux de céramique sont très simples à réaliser. Le truc, c'est de bien se préparer et le plus beau est que tout le monde peut s'y essayer. Pour simplifier la vie des gens, il existe des feuilles de

petits carrés de céramique prêts à poser ou encore on peut acheter des carreaux individuels. Pour notre projet, nous avons utilisé un mélange de petits carrés prêts à posés (voir ci-contre) et des morceaux provenant de vieux carreaux qu'un adulte a fracassés en les mettant dans un sac en plastique résistant (voir page 63). Un enfant plus âgé pourrait tout aussi bien faire ce travail sous la surveillance d'un adulte cependant. Peu importe la personne qui fracassera les carreaux, elle devra porter des gants et des lunettes de sécurité. Pour les travaux plus élaborés, un adulte pourra se servir d'une pince à mosaïque qui rogne les carreaux, mais il est essentiel pour ce faire qu'il porte des lunettes de sécurité.

  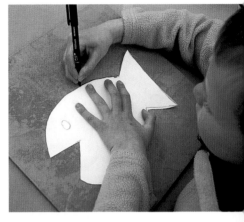

Tracez le contour de votre dessin sur un bout de papier.

Essayez de le faire le plus simple possible afin qu'il crée un plus grand effet. Découpez la forme.

Placez votre dessin sur le carreau qui servira

de base à votre mosaïque et utilisez un marqueur indélébile pour tracer le contour de l'image.

Si vous utilisez des vieux carreaux, mettez-

en un dans un sac en plastique résistant (comme un sac à débris).

Brisez le carreau en morceaux à l'aide d'un marteau,

en faisant attention de ne pas vous blesser, et mettez les dans un vieux plateau. N'oubliez pas de porter des lunettes de sécurité et des gants.

Triez les morceaux selon leur couleur et la forme à laquelle vous les destinez.

Une série de vieux contenants en plastique serait utile pour ce travail, ainsi vous pourriez ranger ce qui reste pour un autre jour.

Appliquez de l'adhésif à carreau sur la surface

de votre dessin à l'aide d'une spatule ou d'un vieux couteau à beurre.

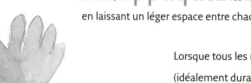

Un à un, appliquez les morceaux de céramique sur l'adhésif

en laissant un léger espace entre chacun pour le coulis.

Lorsque tous les morceaux seront en position, laissez sécher

(idéalement durant 24 h). Ensuite vous pourrez étendre le coulis entre les morceaux, à la main ou à l'aide de la spatule.

Enlevez l'excès de coulis à l'aide d'une éponge humide

et laissez de nouveau sécher pendant 24 h avant d'installer votre carreau à l'emplacement choisi.

Autres idées de décoration

On peut étendre une bonne couche d'adhésif sur des pots de terre cuite et y presser des coquillages ou des perles, voilà qui ferait un contenant parfait pour la plante grasse qu'est la joubarbe (*Sempervivum*).

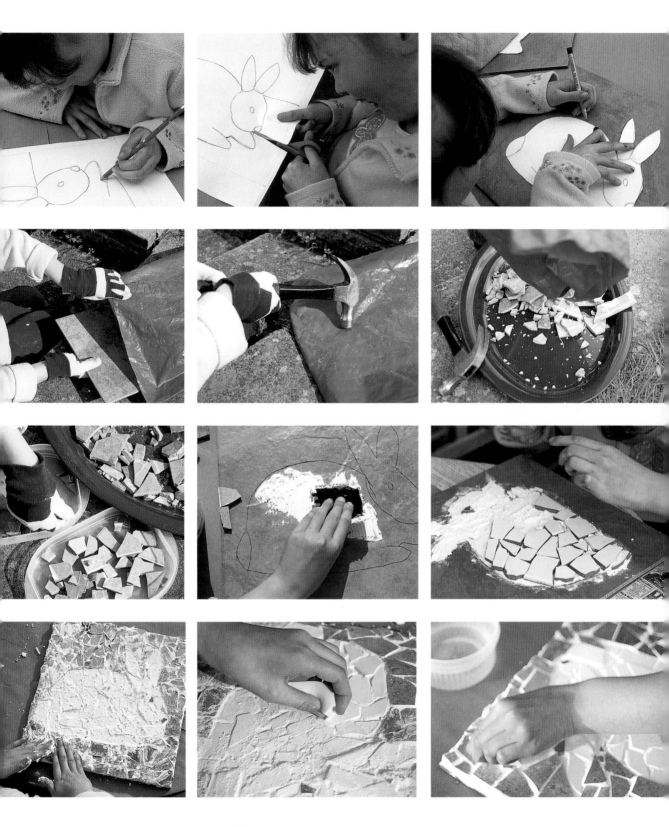

Butte spiralée

PLAGE D'ÂGE   **Six ans et plus**

PÉRIODE DE L'ANNÉE   **Début de l'été**

Une pelleteuse ! (pour des travaux de moindre envergure, voir ci-dessous)

Compacteur à plaque vibrante

Gravats ou pierre concassée

Déblais et terre végétale

Petits bâtons

Corde

Compost pour les flancs et planter les charmes de Caroline

Gaulis de charmes de Caroline

(voir Planter les charmes de Caroline sur la butte, page 67)

Morceaux d'écorce

Graines de gazon ou mélange de graines de gazon et de fleurs

Ce projet est destiné aux personnes dont le jardin offre beaucoup d'espace puisque cette butte a un diamètre de 5 m (16 pi). Bien sûr, vous pouvez toujours en faire une plus petite. Les constructions en spirale, qui sont en fait des labyrinthes, remontent à des milliers d'années et sont plus populaires que jamais. À notre époque d'incertitude et de confusion, les gens semblent trouver rassurant de suivre une voie clairement indiquée. Beaucoup trop de choix s'offrent à nous de nos jours si bien que d'aller dans une même direction jusqu'à ce que vous deveniez le roi (ou la reine) du château est tout un soulagement !

Nous avons construit notre butte à partir de la terre et des déblais d'un autre projet de jardin et, s'il vous reste un tas de décombres d'une récente rénovation, voici l'occasion de vous en débarrasser ! Notre copain Raymond s'est pointé et a passé la journée sur la pelleteuse. Il a d'abord créé une base solide avec de la pierre concassée et la première couche de terre qu'il a compactée à l'aide d'une plaque vibrante louée dans un centre de location d'outils. Ensuite, il a construit la butte par couches successives de 30 cm (12 po) qu'il a compactées au

fur et à mesure. Merci Raymond ! Pour une butte de plus petite taille, informez-vous auprès d'une entreprise d'excavation ou d'un centre de jardinage pour savoir le type de pierre qu'il vous faut. On peut aussi utiliser un pilon, qui est un outil à main lourd non mécanisé, pour compacter la terre.

Construisez la butte <small>(la partie du travail exigeant un adulte (voir ci-contre) en faisant en sorte qu'il y ait de l'espace au sommet pour une butte circulaire (la nôtre faisait environ 2 m (6 pi) de diamètre).</small>

Délimitez le sentier <small>en forme de spirale (les enfants peuvent certainement être utiles pour ce travail et d'ailleurs pour tout ce que cette splendide création comporte de travaux à exécuter) à l'aide de jalons reliés par une corde. Ensuite, ajoutez une mince couche de compost sur les côtés en pente du sentier car du gazon y sera semé. Il n'est toutefois pas nécessaire d'en mettre si vous croyez que votre terre végétale n'en a pas besoin.</small>

Ratissez <small>le sentier pour enlever les cailloux, les pierres et compactez-le avec les pieds pour créer une surface ferme.</small>

En suivant la corde <small>autour du bord extérieur de la spirale, creusez un étroit sillon de la profondeur nécessaire à la plantation des gaulis.</small>

Plantez les jeunes charmes <small>de Caroline à 23 cm (9 po) environ les uns des autres tout le tour du sommet de la butte, puis continuez ainsi en descendant le long du sentier en suivant la corde.</small>

Essayez de toucher le moins possible aux racines lorsque vous les enterrez. Le truc, c'est d'avoir une personne qui tient l'arbre, en faisant attention en le manipulant, et une autre qui enterre les racines en tassant légèrement le compost. Lorsque tous les jeunes arbres ont été plantés, arrosez-les abondamment.

Étendez des morceaux d'écorce sur le sentier.

Semez du gazon sur les flancs couverts de compost de la butte (ici, nous avons utilisé un mélange de gazon et de fleurs sauvages).

Arrosez la butte à intervalles réguliers tout au long de l'été jusqu'à ce que les gaulis et le gazon se soient bien établis. Vous trouverez peut-être plus pratique d'installer en permanence un asperseur au sommet durant la période estivale..

Planter la spirale

Le charme de Caroline (*Carpinus carolina*) est un arbre indigène résistant et à croissance lente qui produit des chatons verts de la fin du printemps à l'automne, lesquels se transforment en grappes de fruits (de petites noix portées à la base de bractées trilobées) en septembre dont se nourrissent les animaux sauvages. Une fois la haie établie, les feuilles deviendront brunes mais resteront tout l'hiver, tout comme pour le hêtre à grandes feuilles.

Certains plants ne survivront peut-être pas ; vérifiez leur état de santé en pratiquant une entaille superficielle près du pied pour voir s'il y a du vert sous l'écorce.

Les plants en contenants destinés aux haies peuvent être plantés tout au long de l'année bien qu'il soit préférable de le faire au printemps ou à l'automne. Mais il est beaucoup plus économique d'acheter des plants à racines nues pour une haie, d'autant plus que votre centre de jardinage local vous en offre dès le début du printemps.

Mettez beaucoup de matière organique et de poudre d'os au moment de la plantation pour permettre aux jeunes arbres de s'établir rapidement. Vous devrez les planter dès votre arrivée à la maison ou du moins les planter dans un emplacement temporaire pour éviter que les racines ne soient endommagées. Favorisez leur croissance en les taillant à la moitié de leur hauteur une fois plantés, ce qui augmentera leur densité. Par la suite, taillez votre haie de charme de Caroline deux fois par année, en mai et en septembre, pour la garder en santé.

Marelle

PLAGE D'ÂGE **Quatre ans et plus**
PÉRIODE DE L'ANNÉE **Été**

Briques, dalles ou pavés
Sable aigu
Ciment
Règle à araser ou niveau à bulle
Maillet et planche pour niveler
Sable fin séché

À vous de choisir

Pour notre marelle plein sud, dessinée sur des briques, nous avons planté des véroniques germandrées (*Veronica prostrata*), qui sont d'un bleu époustouflant, ainsi que différentes variétés de thym (*Thymus*) et des camomilles romaines (*Chamaemelum*). Ces plantes, à feuillage persistant, se faufilent entre les briques et exhalent un parfum divin quand on sautille dessus, sans compter qu'elles produisent de magnifiques fleurs. Si votre marelle est plutôt à l'ombre, vous pouvez planter des menthes de Corse (*Mentha requienii*) qui répandent une délicieuse odeur de menthe ou des aspérules odorantes.

L'origine de la marelle remonte aux débuts de l'Empire romain quand les soldats se servaient du jeu comme exercice d'entraînement. Les enfants les ont imités et le jeu a traversé les siècles jusqu'au nôtre ! C'est un bonne façon pour les enfants de faire de l'exercice et de s'amuser puisqu'ils lancent un caillou, sautent à cloche-pied et affinent leur sens de l'équilibre. On peut y jouer seul ou avec des amis. Il suffit de dessiner un rectangle à la craie sur les briques et le jeu convient à quiconque sait sautiller !

Nous avons fabriqué une marelle avec des briques dans le sentier menant à la remise. La fabriquer est assez simple, mais il faut certainement un adulte pour surveiller le projet.

Enlevez une couche

de terre équivalant à la profondeur de la brique ou de la dalle plus la profondeur de la couche de mortier, soit 6,5 cm (2/1/3 po) deux fois, c'est-à-dire 13 cm (environ 5 po) là où se situera la marelle.

La terre une fois **retirée,** examinez le sol et débarrassez-le de toute pierre.

Remplissez l'espace ainsi excavé d'un **mélange de mortier sec,** lequel devrait être constitué d'environ 8 parties de sable pour une partie de ciment et bien mélanger ensemble.

Nivelez le mortier à l'aide d'une règle à araser ou d'un niveau à bulle et déposez les briques ou les dalles par dessus. Pour notre motif en chevrons, nous avons utilisé huit briques par « carré ».

Pour les marelles de petite dimension, **nivelez les briques** à l'aide d'un maillet et d'une planche (les plus grandes surfaces exigeront une plaque vibrante que l'on peut louer dans un centre de location d'outils et qui doit être utilisée par un adulte).

Remplissez les fentes de sable fin séché pour bien retenir les briques en place.

Couvrez le sol de gravier de chaque côté des briques ou des dalles.

Plantez vos herbes et vos petites plantes à fleurs (voir page 68) dans les espaces entre les cases de la marelle et autour de celle-ci. Elles déborderont bientôt sur les bords, adouciront l'aspect général du jeu et donneront le coup de grâce aux mauvaises herbes.

La marelle, règle du jeu

- Un premier joueur lance un caillou ou quelque chose du genre dans la première case numérotée.
- Ensuite, il saute par-dessus cette case et continue à sauter, soit à cloche-pied, soit à deux pieds (selon qu'une case ou deux cases s'offrent à lui), jusqu'en haut de la marelle en évitant de mettre le pied en dehors des cases ou sur les lignes.
- Il revient ensuite jusqu'à la case où se trouve le caillou, se penche et le ramasse, puis saute à cloche-pied ou à deux pieds (selon qu'une case ou deux cases s'offrent à lui) sur cette case.
- Il retourne au point de départ et lance à nouveau le caillou dans la case portant le numéro suivant et ainsi de suite jusqu'à ce qu'il atteigne le dernier numéro.
- Si vous lancez votre caillou et manquez la case, alors vous passez votre tour et c'est au prochain joueur de lancer son caillou.

Tableau extérieur

L'art est l'un des plus vieux moyens d'expression de l'homme, l'un des plus fondamentaux, et la porte d'entrée de toute créativité. Pablo Picasso, qui visitait un jour une exposition d'œuvres d'enfants, a dit : « À cet âge, je pouvais dessiner comme Raphaël, mais j'ai mis des années à apprendre à dessiner comme ces enfants. »

Encourager les enfants à peindre et à dessiner leur donne le sentiment qu'ils sont importants, qu'ils ont des idées à partager ; de plus, les jeux créatifs de toutes sortes sont essentiels au développement émotionnel et social de l'enfant, puisqu'ils contribuent à hausser le degré d'autonomie, le niveau de confiance et l'étendue des ressources personnelles.

Ce tableau extérieur forcera les enfants à sortir dehors et favorisera leur expression artistique, sans compter que c'est autant de papier de moins ! Ce projet convient à n'importe quel enfant pourvu qu'il ou qu'elle puisse tenir un bout de craie et faire des traits. Tout ce que vous devez faire est de les encourager et d'apprécier ce qu'ils font. Nous avons utilisé de l'ardoise qui est idéale pour dessiner, mais

n'importe quel type de dalle lisse pourrait faire l'affaire. Bien sûr, les enfants peuvent dessiner sur les dalles de la terrasse si vous n'avez pas de mur sur lequel fixer l'ardoise. Pour suspendre l'ardoise à des surfaces autres que la pierre (voir ci-dessous), percez-y un trou d'au moins 4 cm (1 ½ po) de profondeur et vissez le morceau d'ardoise dans un hangar en bois ou sur une autre surface. L'ardoise a des bords tranchants, il serait prudent de bien de les couvrir de baguettes de bois.

Retirez environ 3 cm (1 ¼ po) d'épaisseur de pierre du mur en suivant la forme du morceau d'ardoise que vous désirez poser à l'aide d'un marteau et d'un ciseau. Si vous avez l'intention de creuser dans la brique, il vous faudra louer une meuleuse d'angle pour tracer les limites du morceau d'ardoise.

Remplissez l'espace d'un mélange de mortier résistant constitué de trois parties de ciment pour une partie de sable doux et d'eau.

Pressez le morceau d'ardoise sur le mélange, émoussez les bords à l'aide d'une truelle et laissez prendre toute la nuit.

Parfums sucrés

Plantez de la lavande à proximité ; son parfum aidera les enfants à se détendre. Encouragez-les à prendre les fleurs entre leurs doigts pour qu'ils puissent apprécier leur arôme merveilleux.

Fabriquer des pots de tuf

Huit ans et plus

Été

Deux pots de fleurs, l'un au moins deux fois plus grand que l'autre.

Huile de cuisson

Essuie-tout

Substitut de tourbe

Crible

Seau, pour mélanger le tuf

Gants de caoutchouc

Sable grossier ou gravier fin

Ciment

Treillis fin en plastique

Petits bâtons pour faire les trous de drainage

Sac en plastique

Matériel de décoration, par exemple : peinture non toxique pour enfant, coquillages, restant de mélange de tuf, carreaux de céramique, perles, brindilles.

J'ai recouvert de vieux éviers de tuf afin de leur donner une apparence de pierre et pour deux fois rien, j'ai maintenant plusieurs contenants qui ont la texture de la pierre à une fraction du prix. Le tuf est un mélange de substitut de tourbe, de sable grossier ou de gravier fin, de ciment et d'eau. Il prend environ une semaine à sécher. Ces contenants sont parfaits pour les enfants qui y feront pousser des fleurs et des herbes annuelles ou tout simplement pour y mettre des coquilles d'escargot ou leur pierres préférées.

Huilez l'intérieur du gros pot de fleurs
et l'extérieur du petit avec de l'huile de cuisson.

Mettez une certaine quantité
de substitut de tourbe dans un seau en le passant d'abord au crible.

Ajoutez une quantité égale
de sable grossier (ou de gravier si vous en avez) et de ciment.
Mettez des gants de caoutchouc et mélangez le tout.

Ajoutez la quantité d'eau requise pour faire une pâte épaisse en remuant constamment.

Appliquez la pâte sur la paroi intérieure huilée du gros pot comme si vous doubliez le contenant.

Mettez le treillis de plastique dans le pot de tuf pour donner du corps au mélange. Puis appliquez une autre couche mince du mélange par-dessus le treillis.

Mettez le petit pot dans le gros pour forcer le tuf à prendre la forme d'un pot. Nivelez le bord à l'aide d'une vieille cuillère.

Introduisez les petits bâtons dans les trous de drainage en faisant en sorte qu'ils touchent le petit pot tout en dépassant du fond du gros.

Couvrez le tout d'un sac de plastique et laissez sécher une semaine.

Un fois le mélange bien sec, retirez le sac, les petits bâtons et le petit pot.
Puis coupez le gros à l'aide de ciseaux ; un travail réservé à un adulte.

Faites attention en retirant le gros pot car les bords des morceaux de plastique sont coupants.

Coupez toute partie de treillis visible.

Faites glisser les petits bâtons à quelques reprises dans les trous de drainage pour vous assurer qu'ils ne sont pas obstrués.

Maintenant, décorez votre pot.
Afin de savoir comment décorer le tuf ou d'autres genres de surface, voir au verso.

Décorer des pots

Vous pouvez décorer vos pots faits à la main comme bon vous semble. Peignez-les avec des couleurs vives en prenant de la peinture pour enfant, peut-être en incorporant des impressions au tampon ou des motifs au pochoir, ou collez des coquillages dessus. Une autre solution consiste à décorer vos pots existants avec du tuf, s'il vous en reste.
Voici comment...

Rayez la surface du pot, créez une forme
et appliquez-la sur celui-ci (nous avons fait un serpent). Pour que votre forme adhère mieux, utilisez de la colle PVA et donnez-lui le temps de prendre.

Laissez sécher
plusieurs jours avant d'appliquer de la peinture.

Si le pot que vous décorez est pour l'extérieur,
couvrez-le de quelques couches de vernis extérieur (laissez toujours sécher la couche précédente avant d'en appliquer une autre) pour vous assurer qu'il soit à l'épreuve de l'eau.

Céramique

Si vous n'avez pas de tuf à portée de la main, décorer un pot pour votre plante préférée peut tout de même être très amusant. De nombreuses trousses de décoration pour enfants sont offertes, vous avez l'embarras du choix, ou vous pouvez acheter votre propre matériel.

Les carreaux de céramique miniatures sont faciles à fixer avec de la colle à base de caoutchouc et vous pouvez créer des tas de motifs différents. Ces carreaux ne sont pas à l'épreuve de l'eau, par conséquent, n'utilisez les pots ainsi décorés qu'à l'intérieur.

Piste de course

PLAGE D'ÂGE
PÉRIODE DE L'ANNÉE

Six ans et plus

Été

Bâtons, sable ou canette de peinture

Ciment

Sable aigu

Taloche

Tourbe

Peinture extérieure à base d'eau

Pinceau

Craie

C'est curieux comme lorsqu'il est question d'automobiles, les gars, petits et grands, savent s'imposer dans les projets. Marc et Henri ont vraiment pris beaucoup de plaisir à faire cette piste de course extérieure pour autos miniatures et même Roseline s'y est intéressée. Nous avons construit notre piste dans une partie non utilisée du potager où nous avons des plates-bandes surélevées.

Reproduisez la forme de votre piste sur le sol et tracez-en le contour (nous avons utilisé des bâtons, mais vous pouvez vous servir de sable ou de peinture en canette). Notre piste représente un huit ce qui la rend à la portée de l'enfant.

Creusez le sol sur une profondeur d'environ 10 cm (4 po) et une largeur d'environ 15 cm (6 po) là où se situera la piste.

Mélangez six parties de ciment pour une partie de sable aigu et versez-y suffisamment d'eau pour rendre le mélange malléable. Remuez bien.

Remplissez graduellement le trou de ciment et utilisez une taloche pour niveler la piste et créer une surface lisse. Laissez sécher 12 heures.

Étendez de la tourbe sur tout le tour de la piste.

Peignez la piste et laissez sécher une fois de plus. Utilisez de la craie pour tracer la ligne blanche ou de la peinture dans le cas d'une ligne permanente.

L'eau

Les enfants et l'eau feront toujours bon ménage, qu'ils **barbotent** dans une pataugeoire ou fassent flotter de petits bateaux dans un bac en plastique peu profond. Passer en courant sous un jet d'eau, quand il fait très chaud, compte parmi leurs activités préférées pour se rafraîchir tandis que patauger dans les flaques avec des **bottes de caoutchouc** ne manque jamais de faire un effet du tonnerre. Francis et Roseline ont souvent passé un temps fou ensemble à laver leurs assiettes ou leurs tasses en plastique dans une cuve remplie d'eau chaude savonneuse sur la terrasse. Ramassez des contenants en plastique de toutes sortes pour que les enfants les remplissent d'eau et percez des trous dans le fond pour créer l'effet d'un jet de douche. Des babioles simples comme celles-là sont souvent plus populaires que des jouets coûteux.

Amusez-vous à **congeler** des fleurs dans des glaçons. Il suffit de verser de l'eau potable dans un tiroir à glace, jusqu'à mi-hauteur seulement et de mettre des petites fleurs ou des pétales dans chacun des glaçons. Mettez le tiroir au congélateur jusqu'à ce que de la glace se forme, sortez-le et ajoutez de l'eau jusqu'au haut du tiroir, puis congelez le tout. Choisissez des fleurs comestibles comme la bourrache officinale (*Borago officinalis*), le souci official (*Calendula officinalis*), la primevère officinale (*Primula veris*), la grande capucine (*Tropaeolum majus*) et la rose (*Rosa*).

Quoi qu'il en soit, parce que les enfants seront toujours **attirés** par l'eau, assurez-vous qu'ils ne courent pas de danger quand ils s'y amusent. On peut dire que les seuls accessoires en rapport avec l'eau qui ne présentent pas de danger sont ceux qui n'accumulent pas d'eau, comme les **fontaines** qui créent peu de bouillons dont le réservoir est enterré et l'eau pompée par un trou foré (comme c'est le cas pour cette réplique d'ammonite).

Les accessoires fixés au mur, comme ici notre « Arthur », sont également sans danger, mais seulement si le contenant qui recueille l'eau au sol est recouvert d'une grille (nous avons aussi planté des plantes qui raffolent de l'eau comme cette prêle d'hiver. (*Equisetum hyemale*).

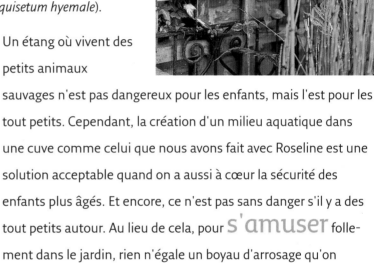

Un étang où vivent des petits animaux sauvages n'est pas dangereux pour les enfants, mais l'est pour les tout petits. Cependant, la création d'un milieu aquatique dans une cuve comme celui que nous avons fait avec Roseline est une solution acceptable quand on a aussi à cœur la sécurité des enfants plus âgés. Et encore, ce n'est pas sans danger s'il y a des tout petits autour. Au lieu de cela, pour s'amuser follement dans le jardin, rien n'égale un boyau d'arrosage qu'on incorpore à des tas de jeux dont la douche en plein air, l'arroseur Crazy daisy et l'éternelle glissade d'eau.

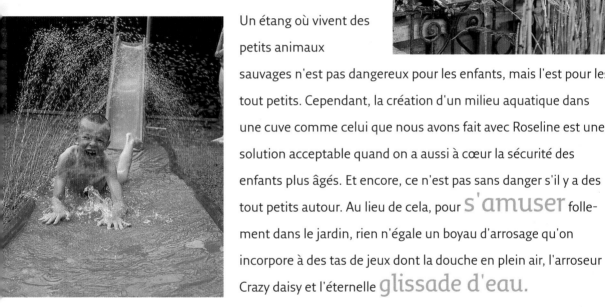

Bien sûr, une mauvaise chute sur une surface glissante peut se traduire par une blessure. Par conséquent il est important de surveiller toutes les activités en rapport avec l'eau quand on est dans le jardin...et surtout toujours avoir une pile de serviettes à portée de la main.

Le jardin aquatique de Roseline

PLAGE D'ÂGE **Quatre ans et plus**
PÉRIODE DE L'ANNÉE **Été**

Grande cuve étanche
Briques et autres pierres
Eau, (de pluie idéalement)
Plantes, voir page 84

Quand il est question de la sécurité des enfants, la présence d'eau dans le jardin peut être une véritable source d'inquiétude, surtout que quelques centimètres suffisent pour représenter un réel danger de noyade. Même un jardin aquatique dans une cuve n'est pas tout à fait sans risques si des bambins sont dans les parages. Il est donc important de le mettre là où vous pouvez l'avoir à l'œil. Notre terrasse ensoleillée et bien protégée est l'endroit idéal pour notre jardin aquatique, mais en hiver, vous devrez le rentrer ou le vider de son eau et ranger les plantes dans une endroit à l'abri du gel.

N'importe quel contenant peut faire l'affaire, du bac en plastique au pot émaillé tant qu'ils sont étanches. Les contenants galvanisés sont sans risque pour les têtards ou les poissons pourvu qu'on les enduise d'abord de mastic bitumeux noir pour sceller le zinc. Vous trouverez de la peinture sans danger pour la faune aquatique dans les centres de jardinage.

Mettez le contenant là où vous désirez qu'il soit,

dans un endroit bien ensoleillé et partiellement ombragé, en vous assurant qu'il soit de niveau. Nous avons utilisé une vieille cuve galvanisée.

Empilez quelques briques dans la cuve sur lesquelles

vous poserez des plantes marginales ; certaines ne préférant tremper que dans 2 à 5 cm (1 à 2 po) d'eau.

Prévoyez une marche

(ou une rampe) pour que les petits animaux puissent entrer dans l'eau et en sortir. Nous avons utilisé une pierre.

Remplissez le contenant **d'eau de pluie** si possible ou alors, prenez de l'eau du robinet à condition de la laisser reposer 48 heures pour qu'elle perde son chlore et ses autres produits chimiques avant de planter quoi que ce soit ou de permettre à la vie sauvage de s'y installer. L'eau du robinet contient des produits chimiques qui peuvent tuer les têtards.

Mettez les dernières pierres

en place et commencez à remplir votre milieu aquatique (voir au verso).

Songez à acheter une boîte de plantes marginales déjà plantées dans un centre de jardinage local (voir ci-dessous) et mettez-la délicatement dans l'eau. Si vous achetez des plantes individuelles, vérifiez toujours la profondeur à laquelle chacune des plantes doit être plantée. Par temps très chaud, assurez-vous que votre jardin ait toujours de l'eau jusqu'au bord.

Pour les têtards, trouvez un copain qui a un étang et attrapez-en quelques-uns dans un pot. Assurez-vous que votre contenant aura été enduit de mastic bitumeux noir (voir page 82) et, délicatement, versez le contenu du pot dans le jardin aquatique. Les têtards adorent une pincée de laitue tous les jours !

Pour compléter l'ensemble, choisissez quelques plantes cultivées en pot et placez-les autour de votre jardin, ou plantez des plantes à massif éclatantes et bon marché.

Quelles plantes ?

Différentes dimensions de boîtes de plantes prêtes à planter sont offertes. Une boîte pour un contenant de la dimension du nôtre pourrait comprendre un petit nénuphar (p. ex. *Nymphaea pygmaea* « Alba » ; deux plantes marginales, p. ex. un souci d'eau et un trèfle d'eau (*Caltha palustris* et *Menyanthes trifoliate*) ; une plante qui reste à la surface, p. ex une jacinthe d'eau (*Eichhornia crassipes*) ; et une plante submergée, p. ex. une élodée (*Elodea canadensis*).

La tourbière de Francis

PLAGE D'ÂGE **Six ans et plus**
PÉRIODE DE L'ANNÉE **Été**

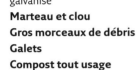

Brouette (la nôtre est en plastique) ou un autre contenant en plastique ou galvanisé
Marteau et clou
Gros morceaux de débris
Galets
Compost tout usage
Matière organique riche, nous avons utilisé du compost à jardin bien décomposé
Plantes hydrophiles, en assez grand nombre pour former une plantation dense (voir page 87)
Morceaux d'écorce ou gravier

Francis a fait une tourbière dans un contenant qu'il a déposé sur la terrasse ; il a vraiment aimé tripoter la terre. Il arrive souvent que les gens construisent des tourbières à côté de leur étang et que l'eau passe de l'un à l'autre des systèmes. Cela peut poser de graves problèmes puisque les nutriments dans la terre vont se retrouver dans l'étang dont l'eau risque de devenir verte ou d'être étouffée par un couvert d'herbes indésirables. Ce genre de problème peut être évité en plantant vos plantes dans des contenants, et vous n'avez même pas besoin d'avoir un jardin.

Nous avons conçu notre tourbière dans une vieille brouette en plastique et l'avons mise bien à l'abri dans un endroit ensoleillé et partiellement ombragé, ce qui est essentiel à ce type de milieu. L'hiver venu, on peut mettre la brouette dans le garage ou dans une remise chauffée en la faisant rouler jusque-là et attendre que la tourbière se remette à pousser le printemps suivant.

Les tourbières ont besoin de se drainer lentement, mais elles ont aussi besoin de retenir suffisamment l'humidité pour les plantes hydrophiles ; le sol doit donc toujours être imbibé d'eau. Vous pouvez utiliser n'importe quel contenant étanche à condition que le drainage soit adéquat et que vous mettiez une couche de compost d'au moins 30 cm (12 po) d'épaisseur. De temps en temps, ajoutez un engrais liquide léger et équilibré pour favoriser une végétation luxuriante en période de croissance.

Percez des trous de drainage dans le fond de votre contenant (environ 5 trous aux 10 cm²) à l'aide d'un clou et d'un marteau (réservé aux adultes).

Mettez de gros morceaux de débris par-dessus les trous et ajoutez une couche de galets pour éviter que les trous ne se bouchent. Le drainage, avec le concours des débris et des galets, empêche la stagnation.

À l'aide **d'une pelle,** mettez le mélange de compost tout usage et une matière organique riche (laquelle améliorera grandement la rétention d'eau) dans la brouette. Des composts pour plantes aquatiques sont offerts sur le marché. Leur mélange contient généralement des « engrais-retard ».

Mettez des gants et mélangez bien.
Saturez le sol d'eau ; les plantes auront besoin de beaucoup d'humidité.

Disposez vos plantes grossièrement tandis qu'elles sont encore
dans le contenant de façon à privilégier les contrastes de feuillage,
de forme et de texture.

Faites des trous pour chacun des
plants et tassez légèrement la terre. Paillez avec des
morceaux d'écorce ou du gravier pour retenir l'humidité
et empêcher la venue des mauvaises herbes.

Irriguez avec de l'eau de
pluie plutôt qu'avec de l'eau du
robinet, la tourbière doit toujours être
imbibée d'eau.

Choisir vos plantes

Nous avons utilisé les plantes suivantes :
La bermudienne à feuilles étroites (*Sisyrinchium angustifolium*), le myosotis
(*Myosotis palustris « Semper Florens »*), la prêle fluviatile (*Equisetum fluviatile*),
la hostacée (*Hosta*), la ligulaire jaune foncée (*Ligularia « Przewalskii »*), la
graminée décorative (*Acorus gramineus « Orgon »*) et l'Oenanthe (*Oenanthe
fistulosa « Flamingo »*).

Les autres plantes hydrophiles comprennent :
L'astilbe (*Astilbe*), le myosotis du Caucase (*Brunnera macrophylla*), la
primevère japonaise (*Candleabra primula*), le jonc (*juncus ensifolius*), le trolle
(*Trollius europaeus*), l'alpiste roseau (*Phalaris arundinacea var picta*) et la
lobélie cardinale (*Lobelia cardinalis*).

Les plantes hydrophiles géantes auront
besoin d'un contenant beaucoup plus
grand comme une vieille auge ou une
vieille baignoire, mais seront très
amusantes à faire pousser car elles
s'élèveront par-dessus la tête des
enfants qui, intimidés, ne pourront
qu'être admiratifs. Ces plantes
comprennent la rhubarbe chinoise
(*Rheum palmatum « Atrosanguineum »*),
la gunnère du Brésil (*Gunnera manicata*)
aux énormes feuilles et l'osmonde royale
(*Osmunda regalis*).

Le jardin des sens

PLAGE D'ÂGE	**Deux ans et plus** pour frotter les feuilles
PÉRIODE DE L'ANNÉE	**Été**

Un ou deux pneus par contenant (nous avons choisi des pneus assez gros)

Vieux pots de fleurs en plastique

Matière organique - en grande quantité

Compost tout usage

Granules hydrorétentrices

Fleurs stimulantes pour les sens (pour des plantes susceptibles d'exacerber les sens, voir mes suggestions pages 91 à 95)

Paillis

Tous les jardins exaltent jusqu'à un certain point les sens, mais j'ai pensé qu'il serait amusant de créer un espace particulier où les enfants pourraient mettre à contribution leurs cinq sens, et explorer les plantes sans risque d'intoxication. J'ai décidé d'utiliser de vieux pneus comme contenants et que nous avons peints avec des couleurs vives. Les pneus sont aussi intéressants parce que les petits enfants peuvent s'asseoir dessus, sans compter qu'ils sont gratuits et que voilà une bonne façon de les recycler. Hausser ainsi la hauteur des plantes permet aux enfants d'y avoir accès plus facilement et est particulièrement utile aux personnes ayant une déficience visuelle ou en fauteuil roulant. J'ai également planté plusieurs arbres aux papillons (*Buddleia*) autour du jardin pour attirer ces derniers. Pour améliorer la floraison, recépez les arbres à papillons tous les printemps.

Pour solliciter davantage leurs sens, nous avons aussi construit ce gigantesque « carillon » fait de bouts de bois. Chaque bâton étant de densité différente, ils émettent un son différent quand on les frappe. Ravissement pour les oreilles !

Déposez chaque pneu à l'emplacement choisi (ou les pneus). Nous avons pris deux pneus que nous avons mis l'un par-dessus l'autre, pour la profondeur et la hauteur) sur un terrain plat.

Mettez des pots de fleurs renversés dans le fond pour combler une partie de l'espace, les pneus étant assez gros et profonds. Cela facilitera aussi le drainage.

Ajoutez une bonne quantité de matière organique comme du compost pour jardin, pour aider à retenir l'humidité et créer de l'humus et des nutriments.

Mettez du compost tout usage jusqu'au bord avec des granules hydrorétentrices et mélangez le tout. Ces granules sont excellentes pour aider les contenants à garder leur humidité, particulièrement durant les mois de chaleur, bien qu'il faille tout de même arroser à intervalles réguliers.

Avant de commencer à **planter,** saturez le compost d'eau.

Choisissez quelles plantes vous planterez dans chacun des pneus — le bout amusant — et plantez-les en tassant bien la terre. Nous avons planté des fleurs dans cinq paires de pneus, une pour chaque sens. (Voir pages 91 à 95). Arrosez bien les pneus à nouveau.

Ajoutez du paillis pour garder l'humidité et supprimer les mauvaises herbes. Ce peut être du gravier ou des petits morceaux d'écorce.

Pour plus de couleurs, vous pourriez planter des graines d'annuelles en les enterrant délicatement dans le compost (voir page 126). J'ai utilisé un mélange de coquelicots des Flandres (*Papaver rhoeas*), de marguerites dorées (*Chrysanthemum segetum*), de centaurées bleuets (*Centaurea cyanus*) et de nielles (*Agrostemma*), qui sont des fleurs sauvages.

L'odorat

Le fait qu'une plante dégage une odeur agréable ou désagréable est une question de goût. Pour que certaines plantes libèrent leur parfum, il faut les toucher, telle la mélianthe (*Melianthus major*) dont le feuillage sent étonnamment les arachides quand on le frotte. D'autres, comme la rose au délicieux parfum, exhalent leur fragrance. Faites le bonheur de vos enfants en leur faisant connaître des odeurs d'ananas, de chocolat et de gomme à bulles et inculquez-leur, en même temps, une certaine conscience, voire un certain respect de leur environnement.

Melianthus major

Plantes exhalant un parfum fruité ou sucré :

Agastache foeniculum (anise hyssop).Une vigoureuse vivace dont l'odeur très particulière s'apparente à celle de l'anis qui sent la réglisse, laquelle est d'ailleurs faite d'anis.

Azara microphylla (Azara à petites feuilles). Cet arbuste à feuilles persistantes poussera mieux à l'abri contre un mur ensoleillé. Il produit de petites fleurs qui sentent la banane au printemps.

Cercidiphyllum japonicum (Arbre caramel).Cet arbre, à feuilles caduques, a un merveilleux feuillage à l'automne qui sent le caramel.

Chamaemelum nobile « Treneague ». (Camomille romaine). Une camomille sans floraison dont le feuillage exhale un délicieux parfum de fruit quand on le presse légèrement.

Cosmos atrosanguineus (Cosmos chocolat).Nous voici en présence d'une plante qui sent vraiment le chocolat et qui surprendra, à coup sûr, autant les enfants que les adultes. Cette plante n'est pas toujours résistante, mais devrait survivre à la plupart des hivers si vous la couvrez d'une bonne couche de paillis.

Mentha x piperita (Menthe anglaise). Cette menthe a l'odeur particulière des chocolats à la menthe « After eight », d'ailleurs, une variété s'appelle ainsi ! Il suffit de presser les feuilles entre vos doigts et de prendre une grande respiration...quel merveilleux parfum !

Cytisus battandieri (Cytise de Battandier) Un arbuste à feuilles semi-persistantes qui poussera mieux à l'abri contre un mur ensoleillé. Les fleurs d'un jaune éclatant sentent l'ananas et ressemblent même un peu au fruit !

Helichrysum angustifolium (Plante cari).Comme le suggère son nom commun, cette plante a une très forte odeur de cari.

Jasminum officinale (Jasmin commun). Une vigoureuse plante grimpante à feuilles semi-caduques dont les petites fleurs blanches sont très sucrées.

Melianthus major (Mélianthe). J'ai choisi d'intégrer cette plante à notre jardin des sens pour deux raisons. La première, à cause de son fabuleux feuillage denté, qui est de couleur bleu-vert et parce qu'elle peut atteindre plus de 2 m (6 1/2 pi) de hauteur. La seconde, à cause de son incontestable odeur d'arachide lorsque vous frottez le feuillage. Un « must » pour tous les amateurs de beurre d'arachides.

Mentha suaveolens (Menthe à feuilles rondes). Cette menthe a des feuilles qui exhalent un parfum frais fruité de même que des fleurs odorantes et elle attire les abeilles et les papillons. Toutes les menthes devraient être plantées dans un contenant quelconque parce qu'elles sont très envahissantes.

Pelargonium.(Géranium odorant). Le géranium odorant a un feuillage extrêmement aromatique dont la gamme de parfum est vaste puisqu'elle comprend le citron, le chocolat, la fraise, la pêche et le gingembre. Cette plante fragile ne doit pas être exposée au gel l'hiver et être rempotée chaque printemps.

Trachelospermum jasminoides (Jasmin étoilé). Plante grimpante à feuillage persistant produisant des fleurs blanc-crème qui sortent entre le milieu et la fin de l'été et exhalent un parfum délicieux.

Viola odorata (Violette odorante.).Ces charmantes petites plantes poussent bien dans un sol riche et à l'ombre. On les appelle « violettes sucrées » à cause de leurs fleurs au goût sucré (comme ces délicieux bonbons à la violette). Elles s'ensemenceront elles-mêmes ou pourront être plantées dans des contenants.

La vue

La vue d'un cardon géant (*Cynara cardunculus*) émerveillerait n'importe qui, mais imaginez ce que peut ressentir un petit enfant devant cette énorme vivace. Je me rappelle très bien les fantastiques pieds d'alouette que la mère de mon meilleur copain avait l'habitude de faire pousser. Je n'avais jamais pensé que des plantes puissent avoir des couleurs si intenses et j'étais ébahie. Apprendre à nous intéresser vraiment à des choses comme la couleur, la forme, le motif ou la texture ne peut que stimuler et augmenter le plaisir que nous éprouvons à voir. C'est ce que le collège des arts, que j'ai fréquenté il y a de nombreuses années m'a appris, mais maintenant je ne peins plus à l'huile mais avec des plantes. L'univers de la couleur est l'histoire d'une vie, mais qu'à cela ne tienne, n'hésitez pas à essayer diverses combinaisons. La plupart du temps, la nature prendra la relève de toute façon, et subitement apparaîtra une vivace qui viendra éclipser vos plans si méticuleusement préparés !

Plantes géantes susceptibles d'impressionner

Allium giganteum (Ail d'ornement). Excellent bulbe atteignant une imposante hauteur.

Angelica archangelica (Angélique). Cette biannuelle accrocheuse peut atteindre 2 m (plus de 6 pi), produit des fleurs en ombelle et présente un magnifique feuillage.

Crambe cordifolia (Chou nuage blanc) La tige de cette plante vivace peut atteindre un imposant 2,5 m (8 pi) et est pleine de toutes petites fleurs qui sentent le miel au début de l'été.

Cynara cardunculus (Artichaut-chardon). Cette plante, dont les feuilles sont argentées, produit de grosses fleurs semblables à celles du chardon et peut atteindre 1,5 m (5 pi).

Ferula communis (Férule commune). Une résistante herbacée vivace, avec de grandes feuilles duveteuses et des fleurs jaunes au début de l'été, qui atteint un imposant 3 m (10 pi) de hauteur.

Gunnera manicata (Rhubarbe géante). Une énorme plante hydrophile qui peut dépasser en hauteur les petits enfants.

Nectaroscordum siculum subsp. *bulgaricum.*(Ail de Bulgarie) Ce bulbe a une tige charnue de 1,2 m (4 pi) de hauteur et des fleurs en forme de cloche qui ressemblent au cultivar *Fairy castle* quand elles retournent à leur stade de porte-graines.

Onopordum acanthium (Onoporde acanthe). Cette plante à fleurs argentées peut atteindre la formidable hauteur de 2,4 m (8 pi).

Rheum palmatum « Atrosanguineum » (Rhubarbe d'ornement). Une plante hydrophile à feuillage énorme capable d'atteindre une hauteur de 2,5 m (8 pi).

Rudbeckia « Herbstonne ». (Rudbéckie Soleil d'automne) Ses fleurs, qui ressemblent à des marguerites dorées, émergent au sommet de tiges géantes atteignant 2,2 m (7 pieds).

L'ouïe

Enfant, recroquevillée dans mon sac de couchage, j'adorais le bruit de la pluie sur ma tente. Je l'aime toujours et j'ouvre toutes les portes et fenêtres quand il pleut l'été. On peut reproduire le doux murmure de la pluie, quand il ne pleut pas, en installant une fontaine créant peu de bouillons dont le réservoir n'est pas accessible aux enfants, un accessoire idéal pour apaiser les sens. Nous avons mis un bain d'oiseaux, très simple et sans danger, dans notre jardin des sens. Il est facile à remplir avec un arrosoir (on doit toujours surveiller les tout petits en présence d'eau ; quelques centimètres seulement peuvent être dangereux). Le matin, quand tout est calme (c'est-à-dire avant que les enfants ne se réveillent !), j'adore me promener dans le jardin et écouter le chuchotement du vent dans les feuilles, le bourdonnement des abeilles et le chant des oiseaux.

Dans notre jardin des sens, j'ai mis des carillons éoliens pour créer une atmosphère de détente quand les enfants se promènent et vont de pneus en pneus, frottant, goûtant et sentant les plantes. Bien sûr, ils ne sont pas toujours d'humeur à se relaxer. Le xylophone, fait de gros bâtons de vieux bois d'érable sycomore, de houx commun, d'arbre aux papillons, de charme de Caroline, de peuplier faux-tremble, de saule, de bouleau et de lime servent alors d'exutoire aux plus bruyants. Il est étonnant de constater combien les sons que produit le bois nous ramène aux sources, et les enfants adorent comparer le ton de chacun des bâtons (les adultes aussi !).

Les plantes musicales :

Briza media **(Amourette).** Une très jolie graminée vivace (à droite en bas) qui cliquette dans la brise.

Cortaderia selloana **(Herbe de la pampa).** Elle froufroute doucement dans le vent.

Lunaria annua **(Monnaie du Pape).** Cette plante, qui fleurit au printemps (à droite au centre), a des porte-graines translucides en forme de disques qui lui ont valu son nom commun.

Miscanthus sinensis **« Silberfeder ».(Eucalie)** L'eucalie est élégante, une graminée tardive au-dessus d'une masse de feuilles arquées.

Papaver somniferum **(Pavot somnifère).** Les grandes tiges porte-graines de cette plante cliquettent. Ne soyez pas effrayé par l'un de ses noms commun : pavot à opium. Les graines de pavot sont comestibles.

Phylostachys vivax **« Aureocaulis » (Bambou géant rustique).** Les bambous font de bons écrans et aideront à maquiller le bruit de la circulation à proximité car leurs tiges et leurs feuilles murmurent dans le vent.

Populus tremula **« Pendula » (Peuplier tremble).** Cet arbre pleureur convient à un jardin de taille moyenne ; les autres peupliers atteignent des hauteurs impressionnantes, poussent rapidement et ne devraient jamais être plantés près de la maison. Les tiges à feuilles plates produisent un bruit de battement d'ailes dans le vent.

Stipa gigantea **(Stipe géante).** Grande et élégante graminée à plumes qui se prend dans la brise. C'est une de mes graminées préférées.

Le goût

Faire pousser vos propres fruits et légumes n'est pas aussi compliqué que cela peut paraître. Si vous n'avez pas de jardin ni beaucoup d'espace, faites pousser vos plantes dans des contenants tout simplement, arrosez-les bien et vous vous régalerez bientôt de fraises et de petits pois frais et sucrés ou de tomates juteuses produits à la maison.

Bien sûr, il est important de s'assurer que les enfants demeurent prudents en ce qui concerne la consommation de produits du jardin car il est facile de prendre des baies toxiques pour de délicieux petits fruits. Prenez le temps de montrer à vos enfants quelles sont les plantes qui ne présentent pas de risques et celles qu'il faut éviter. J'ai planté des fraisiers des champs qui ont produit de tout petits fruits sucrés, de même que des tomates à tiges tombantes (même les herbicides notoires ne sauraient les empêcher de pousser !) (Voir pages 58 et 52).

Quelques légumes peu communs à essayer

Concombres. Les concombres « Crystal Lemon », aussi appelés « Crystal Apple » poussent sans difficulté à l'extérieur et produisent de délicieux fruits pâles ronds qui ressemblent à des citrons. On peut les faire pousser sur le sol ou le long d'un trépied.

Haricots « Black and White ». Une fève française naine dont les marques distinctives blanc et noir la font ressembler à l'orque, la baleine tueuse. Elle produit de succulentes gousses vertes et des fèves noir et blanc spectaculaires qu'on peut mettre dans la soupe et le ragoût.

Maïs sucré « Pop-corn à la fraise ». Les grains de ce maïs sucré ressemblent à des balles de golf roses de forme ovale. Le maïs est facile à faire pousser et est délicieux cru, ou les épis peuvent être mis au four à micro-ondes pour faire du maïs soufflé ! Plantez-les en carrés plutôt qu'en rangée pour assurer une bonne pollinisation et dans une endroit ensoleillé à l'abri.

Tomatillo. On dirait une tomate verte, mais il est enveloppé dans une peau d'apparence soyeuse et a un goût sucré et piquant, surtout s'il est mûr et commence à jaunir.

Courge spaghetti (Courgette "Diamant F1"). Fait partie de la famille des cucurbitacées avec la citrouille et la courge Butternut et se cultive comme une citrouille. À l'intérieur de cette courge de la couleur du beurre, la chair ressemble à des spaghettis et peut être servie avec de la sauce comme s'il s'agissait de pâtes !

Pomme de terre. On peut les faire pousser sans difficulté dans des contenants d'au moins 30 cm (12 po) de profondeur et de largeur. Mettez des morceaux de débris dans le fond pour le drainage, et ajoutez 10 cm (4 po) de compost à base de terre végétale. Plantez trois tubercules par pot, couvrez de 15 cm (6 po) de compost et, à mesure que le feuillage croît, buttez les pommes de terre jusqu'à ce que le contenant soit plein. On peut se procurer des graines de pommes de terre dans les centres de jardinage dès le mois de février. On peut aussi utiliser les pommes de terre de la maison, mais leur germination est généralement retardée, et même si elles finissent par germer, elles ne produiront pas autant... mais peut-être vaut-il la peine d'essayer de les planter dans un contenant. (N'oubliez pas que les feuilles de la pomme de terre sont toxiques.)

Le toucher

Le simple fait de toucher une plante évoque des tas d images ; que l'on pense à l'écorce satinée d'un magnifique cerisier du Tibet (Prunus serrula) ou aux soyeuses oreilles d'agneau de l'épiaire laineux (Stachys byzantina). Le toucher est probablement celui de nos sens que nous exploitons le moins dans un jardin tant il est vrai que beaucoup d'entre nous se résignent à regarder, mais une fois les gants retirés, les plantes peuvent nous servir un sérieux avertissement, comme au bout extrêmement piquant des feuilles de l'Agave americana (Agave américaine) ou du Yucca filamentosa (une plante à éviter absolument quand on a des enfants).

On peut enseigner aux enfants de quelle façon les plantes se servent de leur feuillage pour se protéger des éléments et des animaux nuisibles. Ainsi, la fine fourrure sur de nombreuse plantes à feuilles argentées, comme l'épiaire laineux (Stachys) les aide à protéger leurs feuilles du soleil en déviant la lumière et en conservant l'humidité, tandis que les épines les empêchent d'être dévorées par les herbivores affamés.

Stachys byzantina (Épiaire laineux)

Plantes sympathiques au toucher :

Allium hollandicum « Purple Sensation » (Ail d'Ornement). Les magnifiques sphères violettes de ces oignons ont l'air assez dures mais sont d'une exquise douceur au toucher.

Ballota pseudodictamnus (Ballote). Feuilles gris-blanc qu'on dirait feutrées. Une jolie plante à feuillage décoratif qui préfère les milieux secs.

Bassia scoparia f. trichophylla (Faux petit cyprès Trichophylla). C'est une annuelle semi-résistante au feuillage finement divisé qui ne demande qu'à être caressée et serrée contre soi.

Foeniculum vulgare (Fenouil). Feuilles aromatiques duveteuses.

Helianthus « Teddy Bear » (Tournesol « Teddy Bear »). Bébés tournesol avec des têtes de pompons douces et gonflées.

Lagurus ovatus (Queue de lièvre). On ne peut s'empêcher de toucher la fourrure de cette fleur de forme ovale qui est une annuelle résistante et facile à faire pousser.

Lavandula stoechas subsp. Pedunculata (Lavande papillon). Cette plante aromatique à feuillage persistant présente des bractées rose violacées au sommet des fleurs qui font penser à des oreilles de lapin ou à des papillons.

Lychnis coronaria (Coquelourde des Jardins). Cette charmante annuelle s'ensemencera elle-même abondamment, ce qui est une bonne chose puisque ses feuilles douces et duvetées sont un plaisir à toucher. En prime, vous aurez de magnifiques fleurs d'un magenta éclatant.

Papaver orientale (Pavot d'Orient). Son feuillage velu contraste avec ses pétales papyracés satinés.

Pennisetum alopecuroides (Herbe aux écouvillons). La tête de l'herbe ressemble à une grosse chenille poilue.

Potentilla atrosanguinea (Potentille). Une vivace à floraison estivale, avec des feuilles argentées duveteuses des plus douces.

Pulsatilla vulgaris (Anémone pulsatille). En plus de présenter de soyeux bourgeons, cette anémone des prairies produit des fleurs violettes qui se transforment en magnifiques porte-graines soyeux.

Salix caprea « Kilmarnock » (Saule Marsault pleureur). Un petit arbre pleureur avec des chatons argentés au printemps.

Salvia argentea (Sauge Lamiaceae). Une vivace aux feuilles laineuses argentées.

Stachys byzantina (Épiaire laineux). Cette plante, à feuillage persistant, est toujours vigoureuse et est l'une des premières, au printemps, à développer un tapis épais de feuilles laineuses. Ses feuilles tombantes font beaucoup penser à des oreilles d'agneau aussi bien lorsqu'on les touche que lorsqu'on les regarde. C'est une plante qui donnera aux enfants l'envie de la caresser.

Stipa tenuissima « Ponytails » (Stipe «Ponytails »). C'est une charmante graminées décorative dans laquelle les enfants aimeront promener leurs doigts. Les plumes douces de cette graminée ressemblent à de fines queues de poney.

Verbascum bombyciferum (Molène). Ces hampes blanches laineuses à fleurs jaunes donnent l'impression d'être couvertes de neige bien qu'elles deviennent assez épineuses plus tard au cours de l'été.

Naturaliser des bulbes

PLAGE D'ÂGE   **Six ans et plus**
PÉRIODE DE L'ANNÉE   **Été-automne**

Bulbes aptes à être naturalisés
(voir ci-contre)
Compost

Je me souviens qu'à l'âge de sept ans j'avais trouvé un bulbe dans notre jardin. Je l'avais planté dans un petit seau rouge et l'avais apporté à Brownies. Brown Owl avait dû être impressionnée car elle m'avait remis un badge témoignant de mon amour pour la nature, bien que je ne me souvienne pas l'avoir vu fleurir. Je suppose qu'il avait dû pourrir, comme mon seau de plage n'était pas pourvu de trous de drainage, mais c'est l'intention qui comptait.

Naturaliser des bulbes signifie qu'on les laisse pousser soit dans la pelouse soit en terrain boisé où ils se multiplieront sans intervention, de sorte qu'une fois que vous en aurez plantés quelques-uns, vous n'aurez plus qu'à les regarder se répandre année après année. Il est certain qu'il vaut mieux choisir un endroit gazonné plus ou moins entretenu plutôt qu'une pelouse cultivée avec amour car les feuilles de bulbes doivent continuer leur cycle six semaines après floraison, période pendant laquelle elles produisent des nutriments pour les bulbes qui se développent sous terre, ce qui assurera un bon étalement l'année suivante.

Avec les bulbes qui fleurissent à l'automne, il ne faut pas tondre la pelouse après le début du mois de septembre car les pousses doivent être intactes pour se développer. Choisissez un endroit mi-sauvage au bout de la pelouse ou un cercle de gazon non coupé sous un arbre à feuilles caduques ou, si l'entretien de la pelouse est un point délicat, plantez des bulbes qui fleurissent tôt comme ceux énumérés sous « Hiver » ci contre.

David et moi avons planté des colchiques d'automne (*Colchicum autumnale*) et des Crocus speciousus à la fin de l'été (plus tôt que lorsqu'on plante des bulbes pour le printemps, ce qui se fait à l'automne). Les colchiques sont de gros bulbes de la taille d'une petite pomme et sont toxiques, il n'est donc pas recommandé de les faire planter par les enfants (j'ai planté les colchiques d'automne et David les Crocus).

Prenez une poignée de bulbes et lancez-les doucement sur la pelouse.

Plantez-les là où ils ont atterri pour créer un effet naturel. Soulevez délicatement la motte de gazon et creusez un trou d'une profondeur équivalant à peu près à trois fois la grosseur du bulbe. Nous avons utilisé une pelle à jardin pour effectuer ce travail.

Déposez-y le bulbe et couvrez de compost frais et de terre.

Remettez la motte de gazon en place en appliquant une légère pression. Arrosez abondamment.

Quand les bulbes seront en fleurs, ne touchez pas au feuillage avant six semaines.

Choix de plantes

Si vous les plantez dans des contenants, utilisez du compost à base de terre et ajoutez une partie de gravier pour faciliter le drainage. Les bulbes détestent le froid et les sols saturés d'eau, par conséquent le drainage est très important. Évitez le compost tout usage qui peut devenir très détrempé et faites pourrir les bulbes.

Assurez-vous de toujours garnir le fond du contenant de morceaux de débris couvrant les trous de drainage, et placez le contenant dans un endroit ensoleillé à l'abri. Les fortes gelées ou les gelées prolongées peuvent endommager les bulbes en contenant, par conséquent il ne faut pas oublier de les rentrer.

Bulbes aptes à être naturalisés :

Hiver : Anémone de Grèce (*Anemone blanda*), *Crocus tommasinianus*, *Cyclamen coum*, Narcisse « February Gold » (*Narcissus « February Gold »*), Perce-neige (*Galanthus nivalis*) et Eranthe d'hiver (*Eranthis hyemalis*).
Printemps : Jacinthe des bois (*Hyacinthoides non-scripta*), Muscari d'Arménie (*Muscari armeniacum*) et Narcisses des prés (*Narcissus pseudonarcissus*).
Été : Glaïeul de Byzance (*Gladiolus byzantinus*) et Camassie de Leichtlin (*Camassia leichtlinii*).
Automne : Crocus d'automne (Crocus speciosus), Cyclamen de Naples (Cyclamen hederifolium) et Colchique d'automne (Colchicum autumnale).

Jungle digne d'*Action man*

PLAGE D'ÂGE
PÉRIODE DE L'ANNÉE

Quatre ans et plus
Été-automne
Vieux poteau
télégraphique
Bêche
Béton
Sable aigu
Vis et tournevis
Morceaux d'écorce

Nous sommes tous au courant du taux d'obésité qui monte en flèche chez les enfants des pays développés. On a beaucoup prétendu qu'il était attribuable au mauvais régime alimentaire et à la consommation d'aliments gras, lesquels ont certainement joué un rôle. Cependant, le facteur le plus important reste le manque d'exercices (et cela vaut pour nous tous !).

Beaucoup de jardins présentent de vieux massifs d'arbustes qui ont trop grandi et qui sont parfaits pour ce projet puisqu'ils créent instantanément l'effet de jungle recherché. Nous avons pris un vieux poteau télégraphique pour les pierres de gué et la poutre mettant à l'épreuve leur équilibre, puis nous avons créé un tunnel pour ajouter un peu d'aventure et de mystère. Notre tunnel est fait de branches de saule récupérées de la hutte (voir page 42). Elles créent un tunnel d'apparence naturelle qui

s'harmonise à merveille avec les arbustes avoisinants. Pour les plantez, suivez les instructions de la page 43, puis inclinez-les et attachez-les ensemble selon la forme désirée. Sinon, utilisez des tiges de bambou et construisez tout simplement un tunnel de type wigwam ou pratiquez un passage dans quelques-uns des arbustes existants. Notre balançoire est suspendue à un vieux saule tout près, mais on peut utiliser une corde d'escalade ou un vieux pneu retenu par une corde. Il s'agit d'offrir de nombreuses possibilités différentes dans le but de créer une aire de jeu remplie d'action qui soit super amusante et fasse que les enfants garde la forme. Mais il faut aussi voir à leur sécurité (étendez une couche 25 cm (10 po) de morceaux d'écorce sur le sol de votre jungle).

Bien que ce soit un projet pour adultes, faites participer vos enfants aux prises de décisions.

Prenez un poteau télégraphique et tronçonnez plusieurs morceaux

d'environ 60 cm (2 pi) de longueur (quant à nous, nous avons eu recours à un émondeur professionnel).

Creusez des trous de profondeurs différentes et légèrement plus grands que

le diamètre du poteau. Ils ne doivent pas avoir plus de 30 cm (1 pi) de profondeur.

Mettez les **tronçons** dans les trous (nous les avons placés de telle

sorte que chacun soit légèrement plus élevé que le précédent pour créer un effet d'escalier).

Créez un **mélange résistant** de béton et de sable aigu

dans des proportions équivalant à huit parties de béton pour une partie de sable aigu, et versez-le en le tassant bien dans le trou autour des tronçons. Laissez prendre toute la nuit.

Pour la poutre, **utilisez** le reste du poteau télégraphique. Mettez un poteau de soutien

à chaque extrémité en les enfonçant bien dans la terre comme pour les tronçons (voir ci-dessus).

Coupez le reste du poteau télégraphique en deux dans le sens

de la longueur pour qu'il vienne s'appuyer bien à plat sur les poteaux de soutien.

Vissez bien la poutre aux poteaux de soutien depuis

le sommet de celle-ci (nous avons utilisé trois vis à chaque extrémité, mais vous pouvez en utiliser davantage).

Étendez une bonne couche de **morceaux d'écorce** par terre.

Profiter de la nature

Ma première rencontre avec la nature remonte à l'époque où, tout petits, nous **traînions**, mon frère et moi, dans le jardin. Je me souviens du vieux pommier tout en bas, des framboisiers que notre voisin faisait pousser et qui passaient à travers la clôture et de l'odeur des roses que nous récoltions pour faire des bouteilles d'eau de roses. Demandez aux gens quels sont leurs tous premiers souvenirs et vous découvrirez toujours que c'est une **rencontre** avec la nature, l'odeur de la terre, le frôlement d'un mûrier épineux, la découverte du premier arc-en-ciel, la capture de têtards dans un pot ou le bruit de la pluie sur une tente. Les enfants ont des affinités avec la nature et un certain besoin fondamental, je crois, de se sentir, d'une façon ou d'une autre, en **relation** avec la planète sur laquelle ils vivent. En aidant nos enfants à s'éveiller à la nature qui les entoure, nous leur faisons comprendre ce que sont l'émerveillement, le respect et la compassion pour cette même nature par ailleurs de plus en plus menacée.

Rien n'est plus merveilleux, dans un jardin, que de voir des **papillons batifoler** dans la brise ou de contempler la beauté de leurs ailes parées de pierres précieuses qui tremblotent sur les plantes ou se dorent au soleil sur les pavés. L'arbre aux papillons est l'une des plantes à fruit les plus riches en nectar dont raffolent les papillons. Mais n'oubliez pas que les papillons ont déjà été des **chenilles** et que celles-ci doivent aussi être prises en compte. Un carré d'orties, de chardons, de houx, de graminées ou de ronces en plein soleil est un véritable paradis pour elles.

Attirez aussi les oiseaux et les abeilles en leur offrant nourriture, eau et abri et ils vous récompenseront en redonnant vie à votre jardin. Les graminées d'ornement, les herbes naturelles, les fruits, les baies et plantes du genre chardon fournissent tous de la nourriture, tandis que les plantes qui produisent des tiges porte-graines à l'automne, telle la cardère (Dipsacus fullonum) constituent une savoureuse collation avant l'hiver.

Les arbres, arbustes et plantes grimpantes offrent espace et abri pour construire des nids. Les chants et jacassements mélodieux des oiseaux et le subtil bourdonnement de l'abeille au travail sont des réalités facilement tenues pour acquises, mais avec le nombre d'espèces en voix de disparition, à cause de la destruction des habitats naturels, marécages, bois et prairies, il est important que nous prenions nos responsabilités et travaillions au rétablissement de l'équilibre. Attirez les oiseaux dans votre jardin aidera aussi le jardinier dans sa lutte contre les ravageurs puisqu'ils se nourrissent de limaces, d'escargots et d'autres animaux nuisibles. Un grand bravo pour les oiseaux !

Les fleurs dépendent des insectes pour la pollinisation et la production de graines, mais les insectes sont aussi importants dans la lutte antiparasitaire. Ainsi la coccinelle, possède un appétit insatiable pour les pucerons et les carabes raffolent des limaces. Les vers (voir page 112) sont de formidables composteurs et les insectes de toutes sortes servent de nourriture aux oiseaux et à d'autres animaux sauvages.

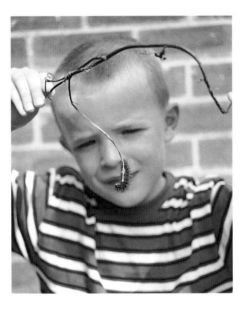

Élever des papillons

PLAGE D'ÂGE
PÉRIODE DE L'ANNÉE

Six ans et plus
Eté-automne
Trousse pour papillon
(à commander par la poste)
Tiges de bois
Colle à bois
Vieil aquarium pourvu
d'un couvercle
Bout de tissu et agrafeuse

Un papillon s'élançant au hasard dans le jardin me rappelle un merveilleux après-midi d'été où les enfants, sur la pointe des pieds, s'approchèrent d'un papillon pour observer les subtils détails de ses ailes avant qu'il ne s'envole vers une autre fleur à la recherche de nectar.

Les enfant apprennent les cycles de la vie à l'école de sorte que cette initiation pratique est certainement éducative mais aussi extrêmement gratifiante. Nous avons commandé nos Vulcains par Internet. Après avoir payé, nous avons reçu un bon de commande, que nous avons rempli et retourné au moment propice. Le paquet est arrivé de sept à dix jours plus tard par la poste, c'est excitant !

Les chenilles sont dans un contenant en plastique qui leur sert d'abri tout le temps que dure le premier stade de leur cycle de vie. Il est pourvu de trous d'aération et contient la nourriture nécessaire à leur développement. Il faut garder le contenant bien droit à une température se situant entre 22 et 24 °C et loin de la lumière directe du soleil pendant une à deux semaines (les chenilles grossissent vraiment beaucoup). Quand elles sont prêtes à se changer en chrysalides, elles montent au sommet du contenant, s'attachent par la queue au disque de plastique à l'intérieur du couvercle et s'y suspendent en prenant la forme d'un J. Il est maintenant temps de préparer leur boîte à éclosion.

Fabriquez
un cadre avec des tiges de bois maintenues ensemble par de la colle à bois qui s'ajustera parfaitement au dos de l'aquarium à l'intérieur de celui-ci. Fixez-y solidement un bout de tissu bien tendu à l'aide d'une agrafeuse. Puis, mettez le cadre à l'intérieur de l'aquarium.

Dès que toutes les **chenilles** se sont changées en chrysalides, retirez le couvercle du contenant et enlevez le disque de papier auquel elles sont suspendues. Il faut y aller très délicatement. Si les chrysalides perçoivent un danger, elles se mettront à vibrer très fortement. Il n'y a pas lieu de s'alarmer, c'est leur façon de dissuader les prédateurs.

Fixer verticalement le disque au morceau de tissu à l'aide d'une épingle de façon à ce que les chrysalides pendent le long de celui-là.

Au bout d'une dizaine de jours, vous devriez être en mesure de distinguer, à travers le cocon, les couleurs du papillon.

En une journée ou à peu près, une série de **déchirures** apparaîtront le long de chacune des chrysalides desquelles émergera le corps du papillon.

Attirer les papillons dans votre jardin

En réunissant des plantes productrices de nectar et des plantes susceptibles de servir de nourriture aux chenilles, les papillons pourront être tentés de se reproduire dans votre jardin. En choisissant des plantes dont les périodes de floraison se chevauchent, vous leur fournirez de la nourriture tout au long de la saison. Par exemple, des vélars (*Erysimum*) et des primevères (*Primula*) pour le printemps, de la lavande (*Lavandula*) et des arbres à papillons (*Buddleja*) pour l'été, de la verveine (*Verbena*) et des asters d'automne (*aster Novi-Belgii*) pour l'automne. Mettez quelques grosses pierres plates parmi les fleurs pour qu'ils puissent aussi se dorer au soleil. Pour d'autres plantes à papillons, voir page 127.

Un petite partie de jardin laissée à l'état naturel, non entretenue, fournit un habitat idéal. Pourquoi ne pas créer un petit champ de fleurs sauvages ?

Vous remarquerez probablement qu'un **liquide** rouge vient tacher le disque ou le tissu. Bien qu'on puisse l'associer à du sang - et les enfants pourraient s'en inquiéter il s'agit plutôt d'un résidu de teinture non utilisée pour colorer les ailes.

Mettez des fleurs et des **feuilles fraîches** dans l'aquarium et nourrissez les papillons avec quelques gouttes d'un mélange constitué de 2 c. à thé de sucre et 200 ml (7 oz) d'eau fraîche. Utilisez la pipette fournie avec la trousse pour chenilles et déposez le liquide sur les feuilles et les pétales de même que sur des coussinets de coton.

Nourrissez les papillons deux fois par jour deux jours durant ; ensuite il ne reste plus qu'à les libérer.

Ferme miniature

PLAGE D'ÂGE · **Six ans et plus**

PÉRIODE DE L'ANNÉE · **Été-automne**

Grand contenant en plastique peu profond (pourvu de trous de drainage)

Compost tout usage

Deux bandes de gazon précultivé

Bâtons

Branches de saule (à entrelacer). Nous avons utilisé de jeunes branches souples de notre saule dont nous avons retiré les feuilles. Si vous n'avez pas de saule, vous pouvez utiliser n'importe quelle branche souple nouvellement poussée d'arbuste ou de plante grimpante.

Corde pour jardin

Petit contenant en plastique

Gravier

Paille

Plantes, nous avons employé une forme naine de buis commun (*Buxus sempervirens suffruticosa*) et des tiges porte-graines de pavot somnifère (*Papaver somniferum*)

Vieux pot de fleurs en plastique

J'ai construit mon premier jardin miniature à l'âge de huit ans ; quel immense plaisir c'était ! L'école primaire que je fréquentais organisait un concours à Pâques et ce fut une grande joie de découvrir que l'école à laquelle vont nos deux enfants fait la même chose. L'année dernière, nous nous sommes réunies, quelques mères et moi à la maison et avec les enfants nous avons construit des jardins miniatures dans des contenants pour semis en utilisant que ce que nous pouvions trouver dans notre jardin.

Il était fascinant de voir comment les enfants s'y prenaient pour réaliser leur propre vision du jardin et charmant de regarder les adultes travailler avec eux à la réalisation de leur objectif. Avec un peu d'imagination, vous pouvez concrétiser votre jardin idéal sans avoir à débourser un sous. Voilà qui n'est pas peu dire ! Pour ce projet-ci, nous avons poussé un peu plus loin et construit une ferme miniature, bien que les idées puissent être facilement adaptées pour un jardin miniature.

Mettez une couche de compost
tout usage au fond du contenant en laissant suffisamment d'espace en haut de celui-ci pour le gazon précultivé.

Arrosez abondamment le compost,
ce qui aidera à compacter la terre et à garder humide le gazon précultivé.

Étendez le gazon précultivé.
Nous avons utilisé deux bandes, une pour tenir lieu de prairie et l'autre pour placer sous la grange (bien sûr, vous pouvez tout simplement mettre de la sciure de bois ou de la paille pour le plancher de la grange). La tâche de couper les bandes de gazon doit être réservée à un adulte car ce peut être plus difficile qu'il n'y paraît. Un long couteau bien aiguisé aidera à bien découper la forme.

Arrosez abondamment et
exercez une bonne pression sur les bandes de gazon pour qu'elles tiennent en place.

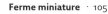

Coupez plusieurs petits bâtons (ici, nous avons employé du saule) à peu près de la même longueur soit de 18 cm (6 po). Enfoncez-les bien droits dans les bandes de gazon à environ 5 cm (2 po) de distance les uns des autres, prêts à être entrelacés de fines branches.

Pour la clôture, utilisez des branches de saule que vous entrelacerez. C'est peut être un peu compliqué puisqu'elles doivent être passées à l'intérieur, puis à l'extérieur des petits bâtons et les petites mains auront peut-être besoin d'aide.

À l'aide de corde pour jardin, attachez de plus gros bâtons de saule horizontalement au sommet des petits verticaux pour donner plus de solidité à l'ensemble.

Tressez deux autres clôtures de saule pour chacun des côtés du pré de la même façon.

Pour faire l'étang, utilisez le petit récipient en plastique. Remplissez l'espace entre la grange et le pré de gravier et ajoutez de la paille dans la zone de la grange. Plantez une bouture de buis commun (Buxus sempervirens) en guise d'arbre.

Pour faire le toit de la grange, coupez dix solides bouts de branche de saule, attachez-les par deux, puis entrelacez-y des banches souples de saule. Cela peut s'avérer quelque peu difficile pour une seule personne, quatre mains seront donc plus efficaces.

Coupez les extrémités pour l'apparence et employez de la corde pour jardin afin de retenir les côtés ensemble. Attachez le toit aux murs toujours avec de la corde pour jardin.

Pour les deux porcheries, coupez un vieux pot de fleurs de plastique en deux (réservé aux adultes car les deux parties présenteront des bords coupants).

Pour faire les porcs, utilisez des porte-graines de pavots. Coupez la partie supérieure d'un porte-graines et mettez la partie inférieure d'un autre dans le trou : quel magnifique porc ! Pour finir, ajoutez un joli petit groin.

Coupez quatre petits bouts de branches de saule pour faire les pattes. Délicatement, percez quatre trous sous le corps du porc et insérez-y les pattes (un adulte pourrait utiliser le bout d'un couteau tranchant).

Placez vos porcs dans la partie où se trouve le compost boueux ou montrez-les apparaissant sur le seuil de l'une des porcheries et remplissez votre étang d'eau.

Assurez-vous d'arroser périodiquement le gazon et le buis.

Amusez-vous bien !

Si vous ne disposez pas de porte-graines, la ferme pourrait parfaitement accueillir des petits animaux en plastique.

Le jardin des fées

PLAGE D'ÂGE
PÉRIODE DE L'ANNÉE

Quatre ans et plus
Été-automne
Contenant en plastique pour semis
Compost
Plantes à croissance lente, telles les petites plantes de rocaille (nous avons utilisé Raoulia, haastii, une vivace gazonnante à feuillage persistant qui ressemble à du gazon)
Quelques tiges de fleurs pour l'arbre aux fées (nous avons utilisé quelques tiges d'arbre à perruques (Cotinus coggygria) et de muscari a grappe (Muscari armeniacum)
Corde pour jardin
Porte-graines pour le château des fées (nous avons coupé les porte-graines d'un bulbe d'ail de Bulgarie (Nectaroscordum siculum subsp. bulgaricum) et nous avons aussi employé la clématite (Clematis tangutica)
Coque ou moitié de noix pour l'étang de la fée
Choix de petites plantes estivales à repiquer ou de plante de rocaille (nous en avons choisi des roses parce que c'est la couleur préférée de Roseline !)
Tiges porte-graines séchées, pour décorer l'ensemble
Fées !

Les fées et la nature sont aussi inséparables que les haricots et les toasts (le repas préféré de Francis !). On dit que les fées se révéleront aux enfants dont la candeur les charmera. Enfant, je sentais leur présence parmi les fleurs et les arbres du jardin de mes parents. Je n'en ai jamais vue une à vrai dire, mais j'ai rencontré depuis quelques personnes pour lesquelles ce fut le cas, et je continue de guetter leur présence dans notre jardin !

Les enfants adorent faire des jardins miniatures qui sont d'ailleurs faciles à construire et stimulent leur imagination. Lorsque viendra le moment choisir quoi mettre dans votre jardin des fées, plantez de jolies fleurs à croissance lente et à petites feuilles, comme des impatientes (Impatiens). Allez à votre centre de jardinage local et choisissez parmi les nombreuses plantes de rocaille offertes — ces plantes présentent des feuilles et des fleurs minia-tures qui conviennent tout à fait à un monde miniature. Une fois notre jardin des fées terminé, nous y avons installé nos propres fées d'allure très particulière, lesquelles m'ont été données par une personne qui en a vue de vraies !

Remplissez à demi votre contenant pour semis de compost.

Plantez une plante de rocaille à **croissance lente** à l'allure de pelouse fraîchement tondue, telle *Raoulia, haastii*.

Pour faire l'arbre, attachez quelques tiges de fleurs ensemble à l'aide de corde pour jardin et enfoncez-les dans le compost en tassant bien la terre autour.

Pour le château des fées, faites la même chose mais avec des tiges porte-graines.

Pour **l'étang merveileux** des fées, utilisez une coque de noix renversée et remplissez-la d'eau.
Pour créer d'autres arbres miniatures autour de l'étang, nous avons utilisé les jolies tiges porte-graines du muscari à grappe.

Plantez vos semis ou vos plantes de rocaille et ajoutez n'importe quel capitule que vous trouverez dans le jardin.

Arrosez délicatement et glissez-y l'une de vos propres fées.

Le jardin des dinosaures

Un grand contenant (nous avons utilisé une vieille auge qui traînait dans le jardin, mais n'importe quel grand contenant fera l'affaire.)

Morceaux de débris

Compost

Sable

Gravier

Pierres, coquilles et roches intéressantes

Choix de plantes selon les tons de leur feuillage persistant y compris des fougères et des plantes de rocaille telle la joubarbe (*Sempervivum*) et l'orpin (*Sedum*)

Vos dinosaures préférés à l'épreuve de l'eau

Le tuf

Nous avons ajouté un morceau de tuf dans notre jardin, qui est une roche de porosité élevée qui absorbe et retient l'humidité et qui représente des conditions idéales pour beaucoup de plantes de rocaille comme cet orpin rampant à feuillage persistant bien établi.

Les dinosaures sont partout où que vous posiez le regard, celui-ci vous sourit sur un pot de yogourt, celui-là fait de la publicité pour une nouvelle céréale chocolatée. Il semble que l'intérêt pour ces créatures énigmatiques ne se démente pas.

Le mésozoïque se divise en trois périodes, le trias, le jurassique et le crétacé qui est celle au cours de laquelle les dinosaures ont disparu, voilà 65 millions d'années. Une grande partie de l'ère des dinosaures a été privée de plantes à fruit (angiospermes) ; elles ne sont apparues que peu avant leur disparition, aussi pour notre jardin, n'avons-nous utilisé que des plantes dans les tons de vert pour créer un décor digne de l'époque des dinosaures.

Mettez des morceaux de débris dans le fond du contenant pour favoriser le drainage et remplissez-le d'un mélange de compost et de sable ou de gravier.

Ajoutez roches, coquilles et autres pierres intéressantes.

Mettez les plantes, toujours dans leur pot, à l'endroit désiré, dans le contenant. On fait toujours bien de trouver l'endroit où elles conviennent le mieux avant de les planter tandis qu'il est loisible de changer d'avis. Nous avons choisi la fougère, capillaire *Adiantum venustum*, la scolopendre Asplenium scolopendrium « Crispum », la pulmonaire Pulmonaria « Lewis Palmer » et la prêle d'hiver Equiseteum hyemale.

Retournez le pot, appliquez une petite tape à l'arrière et de l'autre main, délicatement, dégagez la plante.

Plantez vos plantes dans les contenants en prenant soin de bien tasser la terre autour.

Bien arroser.

Ajoutez vos dinosaures préférés et remuez-vous, *Dinoland*, le simulateur de vie de dinosaure, vous attend !

Élever des vers de terre

Plage d'âge	**Six ans et plus**
Période de l'année	**Automne**

Grand contenant de verre pourvu d'un couvercle et de trous d'aération (nous avons utilisé une trousse spécialement conçue pour vers de terre, mais des pots ou des vases en verre feraient l'affaire à condition qu'ils ne soient pas trop larges)
Gravier ou petites pierres pour faciliter le drainage
Terre à jardin
Sable fin
Épluchures de légumes
Feuilles de jardin
Vers de terre du jardin
Papier noir

Les vers remettent le sol de la planète en état depuis des millions d'années en transformant les végétaux morts, aérant la terre et produisant des engrais. Charles Darwin, qui les a étudiés pendant de nombreuses années, en a conclu que la vie sur terre ne serait pas possible sans eux, par conséquent non seulement devrait-on les considérer comme les meilleurs amis du jardinier mais aussi de l'humanité !

Ce projet initiera votre enfant à la notion de recyclage en leur montrant comment les vers transforment la matière organique en sol fertile. Assurez-vous toujours que la terre dans le contenant soit humide, mais pas trop mouillée ou sèche puisque les vers respirent par la peau qui doit demeurer humide pour absorber l'oxygène de l'air. Le projet ne devrait pas durer plus de quelques semaines, après quoi on ferait bien de retourner les vers dans le jardin.

Mettez de gros morceaux de débris

au fond du contenant pour éviter que le sol ne se sature d'eau, ce qui étoufferait les vers. Ce pourrait être du gravier ou de petites pierres.

Mettez une couche de terre à jardin, puis une couche de sable.

Continuez d'ajouter des couches de terre et de sable sable jusqu'à ce que le contenant soit aux trois quarts plein. Elles vous permettront de voir comment les vers se déplacent et creusent des tunnels.

Mettez des épluchures de légumes,

par exemple, de carottes, de pommes de terre, et des feuilles du jardin pour que les vers s'en nourrissent.

Trouvez des vers

dans le jardin. Mettez-les doucement dans le contenant et observez-les se déplacer en se tortillant.

Les vers

Essayez d'observer vos vers dans une pièce faiblement éclairée et n'oubliez jamais de remettre le couvercle noir lorsque vous ne les observez pas.

En regardant de chaque côté de votre contenant, vous verrez les vers se creuser un chemin dans la terre, assimiler la nourriture déposée à la surface lorsque vous leur en donnerez et en amener une certaine partie dans la terre.

Il existe deux principales espèces de vers dont une est associée à la surface et l'autre à la litière profonde. Le ver nocturne rampant (lombric commun) vit à une profondeur d'environ 3 m (10 pi). Il remonte à la surface la nuit pour se nourrir et se reproduire, laissant ses déjections sur les lieux (un engrais très concentré). Pour attraper des vers, rien ne vaut une soirée chaude et humide, ou un morceau de tapis déposé sur la terrasse près de la pelouse les attirera s'il est humide et qu'un peu de terre aura été répandue en dessous.

Mettez du papier noir autour du contenant pour empêcher la lumière de pénétrer et fermez-le bien à l'aide d'un couvercle pourvu de trous d'aération.

Rangez le contenant

quelque part au frais et à la noirceur. Les vers seront ainsi encouragés à creuser des tunnels et à mélanger les couches.

Rappelez-vous de leur donner des restes de nourriture à mesure que leurs besoins se feront sentir. Maxime et Isabelle ont essayé différents fruits, des légumes, du papier, du pain et des céréales pour voir s'ils pouvaient arriver à déterminer quelle était leur nourriture préférée.

Filet de suif et de graines

PLAGE D'ÂGE **Quatre ans et plus**
PÉRIODE DE L'ANNÉE **Automne**

Graisse de rognon (ou suif), peu importe la quantité pourvu qu'on y mélange les ingrédients suivants en égale quantité :

Mélange de graines pour oiseaux

Graines de tournesol

Arachides fraîches

Miettes de pain

Fruits secs, hachés et après les avoir faits tremper pour éviter qu'ils ne gonflent dans l'estomac de l'oiseau

Filet à oignons ou mangeoire

L'hiver, quand les ressources alimentaires naturelles, comme les insectes, les vers, les baies et les graines sont peu abondantes, les oiseaux dépendent de plus en plus de nous pour compléter leur régime. L'installation d'un sac-filet rempli d'un mélange de suif et de graines favorisera la venue des oiseaux dans le jardin, nous permettra d'admirer de plus près nos petits amis à plumes et peut-être même de les photographier. Presque tous les restes de la cuisine conviennent aux oiseaux, mais donner des arachides entières n'est pas une bonne idée au printemps et en été car un bébé se nourrissant d'une telle arachide pourrait s'étouffer. N'oubliez pas que les oiseaux apprécieront aussi que vous leur donniez de l'eau dans un récipient peu profond pour boire et se baigner.

Mélanger tous les ingrédients ensemble sauf la graisse de rognon (ou le suif).

Mettez la graisse de rognon dans une casserole et faites-la fondre à feu doux - cette partie du projet doit toujours être confiée à un adulte.

Versez la graisse de rognon fondue dans un bol en verre (encore réservé à un adulte).

Ajoutez les **autres ingrédients** et remuez à l'aide d'une cuillère en bois. Laissez refroidir une trentaine de minutes jusqu'à ce que vous puissiez manipuler le mélange.

Prenez une certaine quantité du mélange dans la main et faites-en une petite boule. Répétez l'opération selon le nombre de boules désirées.

Mettez les boules dans le sac-filet, pressez-les les unes contre les autres pour former une longue saucisse.

Attachez l'extrémité du filet avec de la ficelle et suspendez-le à l'arbre.

Nourriture

Ce qu'on peut donner d'autre aux oiseaux :
Pain émietté, préférablement de blé entier (le faire tremper d'abord)
Pommes de terre cuites, riz et pâtes
Vieux biscuits ou gâteaux
Fruits (on doit toujours faire tremper les fruits secs)
Couenne, restant de gras de viande (assurez-vous de tout couper en petits morceaux) et beurre d'arachide dans une sac-filet ou des arachides en écales enfilées à l'aide d'une aiguille à raccommoder (ne donnez jamais d'arachides salées, elles risqueraient de déshydrater l'oiseau)
Noix de coco fraîche (coupée en deux et suspendue à l'extérieur (réservé à un adulte).

Ne donnez jamais de nourriture très épicée, d'arachides salées, de noix de coco séchée ou de fruits secs (ils risquent de gonfler dans leur estomac) aux oiseaux du jardin et faites toujours tremper le pain.

Nature morte tressée

PLAGE D'ÂGE **Six ans et plus**
PÉRIODE DE L'ANNÉE **Automne**

Quatre bouts de bambou ou solides bâtons du jardin
Corde robuste pour jardin
Petites trouvailles du jardin

Amener les enfants à percevoir la nature de diverses façons ne peut que la leur faire apprécier davantage. Élever une humble coquille d'escargot ou une plume au rang d'œuvre d'art éveillera les enfants à la beauté de la nature qui les entoure. Je ramasse des objets naturels depuis des années comme des plumes, des coquilles d'escargot, des tiges porte-graines et je les conserve dans la remise en vue de futurs projets d'artisanat du genre de celui-ci. Mais préparez-vous à une surprise de taille lorsque les enfants vous présenteront fièrement la composition finale constituée de convoités capitules d'ail et d'autres fleurs parmi leur préférées... car vous vous rendrez compte qu'ils n'ont rien à envier à Andy Goldsworthy, le très inspiré artiste de la nature, qui a fait fortune dans le domaine !

Attachez les coins du cadre avec de la corde en vous assurant de bien serrer les nœuds car il faut que ce soit solide.

Faites passer la corde autour du cadre une première fois dans un sens, puis dans l'autre en l'entrelaçant.

Entrelacez-y **des plumes...**

de la **lavande...**

des capitules de fleurs séchées et...

attachez-y des **coquilles d'escargot** (Émilie et moi avons délicatement percé un trou dans chacune d'elles pour pouvoir passer la corde). Naturellement, vous pouvez entrelacer ou attacher tout ce que vous trouverez dans le jardin.

Attachez et coupez tout surplus de corde, puis attachez un long bout de ruban ou de corde pour jardin aux extrémités pour pouvoir suspendre votre nature morte.

Couronne de Noël

<table>
<tr><td>PLAGE D'ÂGE</td><td>**Huit ans et plus**</td></tr>
<tr><td>PÉRIODE DE L'ANNÉE</td><td>**Hiver**</td></tr>
</table>

Branches souples d'arbuste
ou de saule ou tiges de plantes grimpantes (noisetier, glycine, ancolie du Canada, vigne etc.) peuvent être utilisées.

Corde pour jardin

Pommes de pin

Peinture (pour enfants ou reste de peinture)

Petits pinceaux

Tiges porte-graines
de pavot séchées

Ruban

Poudre d'or ou d'argent

Colle

Suggestions

Bien sûr, on peut faire d'autres genres de couronnes. Vous pourriez peindre des couronnes séchées comme celle figurant ci-dessous, ajouter cœurs et fleurs et en faire un cadeau de mariage original.

Absolument tout me plaît dans la Fête de Noël, la bûche, les lumières scintillantes, le film intitulé Le *Bonhomme de neige* (ça c'est moi, Francis et Roseline s'en balancent !) Je me suis beaucoup chargé des décorations de Noël au fil des ans et, Marc et moi concevons toujours nos cartes de souhaits et les faisons imprimer même quand nous manquons de temps (ce qui est toujours le cas). Je prends vraiment beaucoup de plaisir à décorer la maison pour la saison des Fêtes et il est agréable de retrouver les décorations que j'ai adorées les années précédentes, mais j'aime bien en trouver toujours de nouvelles.

Notre couronne de Noël est vraiment facile à réaliser et, bien sûr, bien meilleur marché que celles que vous achetez. Nous avons surtout utilisé des objets naturels que nous avons trouvés soit dans le jardin, soit lors nos marches et que je garde dans la remise toute l'année, de même que du ruban conservé des cadeaux de l'année précédente et de la peinture pour enfants. Les jeunes enfants peuvent peindre les pommes de pin et les tiges porte-graines de pavots tandis que les plus vieux peuvent tresser et attacher les tiges.

Choisissez trois tiges de plantes d'environ 1 m (3 pi) chacune et enlevez
leurs feuilles, puis attachez-les ensemble à l'une de leurs extrémités. Tressez-les bien serrées.

En procédant délicatement, courbez les tiges tressées de manière à
créer un cercle et attachez-les solidement à l'aide de corde pour jardin.

Attachez quelques pommes de pin par la base et fixez-les sur la couronne,
à égale distance les unes des autres, à l'aide de corde pour le jardin.

Peignez le bout des écailles de pommes de pin avec de la peinture
blanche pour imiter une fine couche de neige. Vous pourriez ensuite couvrir les
cônes d'une légère couche de poudre d'or ou d'argent pour ajouter de l'éclat.

Peignez les tiges porte-graines de pavots. Nous avons roulé les nôtres
dans la pâte à modeler de Roseline jusqu'à ce qu'elles sèchent.

Lorsque les tiges porte-graines de pavots sont sèches, entrelacez-les
dans la couronne.

Ajoutez des boucles et des rubans et suspendez la couronne à la porte
d'entrée en signe de bienvenue durant la joyeuse période des Fêtes.

Arbre de Noël

PLAGE D'ÂGE
PÉRIODE DE L'ANNÉE

Huit ans et plus
Hiver

Petits bâtons plutôt droits amassés
dans le jardin (nous avons employé des
branches de saule, mais de fines tiges
de bambou peuvent aussi être utilisées.
Corde solide pour jardin
Bûche pour servir de pied
Perceuse
Peinture (pour enfants ou reste
de peinture)
Pinceau
Fil métallique fin pour jardin
Pommes de pin
Tiges porte-graines de
pavots séchées
Colle
Poudre d'or ou d'argent
Ficelle pour attacher les tiges
porte-graines à l'arbre

J'en ai fait un lors du premier Noël de Francis avec des tiges de vigne et des petits bâtons
que j'ai trouvés dans le jardin. Faire ses propres décorations de Noël est très gratifiant,
surtout si tout ce que vous avez à faire est d'aller dans le jardin chercher la matière
première. Et c'est aussi très économique ! Pour décorer notre arbre, nous avons utilisé
des tiges porte-graines de pavots séchées et des pommes de pin. Essayez de repérer des
matériaux avec lesquels vous pourriez éventuellement travailler lorsque vous êtes dans le
jardin ou allez faire une marche, par exemple, des fruits d'églantier séchés, des baies ou
des noix sans danger pour la santé. Qui sait, un jour vous en aurez peut-être besoin.

Coupez des bouts de branches de saule ou
utilisez des petits bâtons. Les deux s'élevant presque à la
verticale ont 60 cm (24 po) et ceux formant la base de
chacun des triangles font environ 50 cm (20 po), 40 cm
(16 po) et 30 cm (12 po) de longueur.

Avant d'aller plus loin, réalisez une première
ébauche de l'arbre pour vous assurer que les bâtons
sont de la bonne dimension.

Attachez les coins de chacun des trois petits triangles à l'aide de corde robuste pour jardin qui rend les nœuds plus solides.

Percez deux trous dans la bûche servant de pied (réservé à un adulte) et insérez-y les deux grands bouts de branche. Ces deux bouts forment la base sur laquelle vous attacherez les trois petits triangles. Pour faire la forme du grand triangle, attachez les branches à leur sommet.

Attachez chacun des trois petits triangles au grand servant de base.

Peignez l'arbre d'une seule couleur ou employez une couleur différente pour chaque petit triangle. Une fois la peinture sèche, attachez les pommes de pin avec du fil métallique pour jardin. Faites passer un bout de fil métallique autour des écailles du bas de chacune des pommes de pin, tordez fermement et attachez les cônes à l'arbre.

Peignez le bout des écailles des cônes avec de la peinture blanche pour donner l'impression d'une fine couche de neige (vous pouvez aussi utiliser de la poudre d'or ou d'argent).

Fabriquez une étoile avec une branche de saule (voir page 46) que vous mettrez tout en haut de l'arbre de Noël et peignez-la en blanc.

Faites passer un **bout de ficelle** autour des tiges porte-graines de pavots qui, peintes, font de merveilleuses décorations de Noël et attachez-les à l'arbre une fois sèches.

GUIDE DES PLANTES

Ce guide n'a pas la prétention d'être exhaustif, les plantes qui le composent y sont parce que j'ai aimé les faire pousser ou parce que je les admirais de loin. Les catalogues de semences sont un véritable cadeau du ciel et intéressants à lire les longs mois d'hiver, mais si vous n'avez pas le temps, beaucoup de centres de jardinage offrent maintenant un bon choix de sachets de graines faciles à faire pousser pour les enfants, ce qui devrait leur permettre de commencer leur projet.

Annuelles à fleurs faciles à faire pousser

SR = Fleurs qui se **ressèment**, ce qui leur confère une excellente valeur. Voir aussi l'Arc-en-ciel de Roseline (page 34)

Calendula officinalis (Souci official) (SR)

Centaurea cyanus
(Centaurées bleuets) (SR)

Convolvulus tricolor (Belle-de-jour)

Cosmos bipinnatus (Cosmos bipinnatus)

Gypsophila elegans
(Gypsophile élégante) (SR)

Helianthus annuus (Tournesol) (SR)

Helichrysum bracteatum (Immortelle)

Iberis umbellata (Ibéris en ombelle) (SR)

Limnanthes douglasii
(Limnanthe ' Œuf sur le plat ') (SR)

Linum rubrum (Lin rouge)

Myosotis (Myosotis laxiflore) (SR)

Nigella damascena
(Nigelle de Damas) (SR)

Papaver (Pavot) (SR)

Salvia horminum (Sauge hormin)

Tropaeolum majus (Capucine) (SR)

Viola (Violette)

Zinnia (Zinnia)

Plantes odorantes et aromatiques

Voir aussi Le jardin des sens - L'odorat (page 91).

Agastache foeniculum (Anis hysope)

Akebia quinata (Akébie)

Aloysia triphylla (Verveine odorante)

Azara microphylla (Azara à petites feuilles)

Cercidiphyllum japonicum (Arbre caramel)

Chamaemelum nobile ' Treneague '
(Camomille romaine)

Clematis montana ' Elizabeth '
(Clématite des montagnes)

Cosmos atrosanguineum (Cosmos chocolat)

Cytisus battandieri (Cytise de Battandier)

Galium odoratum (Aspérule odorante)

Helichrysum angustifolium (Plante cari)

Jasminum officinale (Jasmin commun)

Lavandula stoechas subsp. pedunculata
(Lavande papillon)

Lonicera periclymenum
(Chèvrefeuille des bois)

Lonicera x purpusii (Chèvrefeuille arbustif)

Melianthus major (Mélianthe)

Philadelphus ' Silberregen '
(Seringa ' Silberregen ')

Salvia elegans (Sauge ananas)

Thymus (Thym)

Trachelospermum jasminoides
(Jasmin étoilé)

Viola odorata (Violette odorante)

Wisteria (Glycine de Chine)

Cosmos atrosanguineus
(Cosmos chocolat)

Herbacées d'une hauteur impressionnante

Voir aussi Massif de tournesols (page 26) et Le jardin des sens - La vue (page 92).

Allium giganteum (Ail d'ornement)

Angelica archangelica (Angélique)

Crambe cordifolia (Chou nuage blanc)

Cynara cardunculus (Artichaut-chardon)

Ferula communis (Férule commune).

Gunnera manicata (Rhubarbe géante)

Helianthus annuus (Tournesol)

Nectaroscordum siculum subsp. bulgaricum
(Ail de Bulgarie)

Onopordum acanthium (Onoporde acanthe)

Rheum palmatum ' Atrosanguineum '
(Rhubarbe d'ornement)

Rudbeckia ' Herbstonne '
(Rudbéckie soleil d'automne)

Gunnera manicata (Rhubarbe géante)

Plantes qui attirent la vie sauvage

Plantes riches en nectar dont raffolent les papillons

Aster x frikartii
Aubrieta (Aubriète)
Buddleja davidii (Arbre aux papillons)
Centranthus ruber (Valériane rouge)
Chrysanthemum leucanthemum
  (Grande Marguerite)
Cytisus (Cytise)
Echinacea purpurea (Échinacée pourpre)
Eryngium x tripartitum

Échinacea purpurea « Alba »
(Échinacée pourpre « Alba »)

Galanthus nivalis (Perce-neige)
Hebe
Hyacinthoides non-scripta
  (Jacinthe des bois)
Knautia macedonica (Oreille d'âne)

Knautia macedonica (Oreille d'âne)

Lavandula (Lavande)
Lonicera periclymenum
  (Chèvrefeuille des bois)
Narcissus pseudonarcissus (Jonquille)
Nepeta (Herbe aux chats)
Primula vulgaris (Primevère commune)
Sedum « Herbstfreude »
  (Orpin « Herbstfreude »)

Syringa (Lilas)
Thymus (Thym)
Verbena bonariensis (Verveine du Brésil)

Verbena bonariensis (Verveine du Brésil)

Plantes qui attirent les oiseaux

Choisya ternata (Oranger du Mexique)
Cynara cardunculus (Artichaut-chardon)
Echinops ritro (Oursin bleu)
Hedera (Lierre commun)

Echinops ritro (Oursin bleu)

Helianthus annuus (Tournesol)
Ilex (Houx commun)
Lonicera periclymenum
  (Chèvrefeuille des bois)
Pyracantha « Navaho »
Rosa glauca (Rosier glauque)
Rosa rugosa (Rosier rugueux)

Plantes riches en nectar qui attirent les abeilles

Agastache (Anis hysope)
Anemone blanda (Anémone de Grèce)
(ainsi que les autres bulbes fleurissant tôt)
Aster (Aster)
Aubrieta (Aubriète)

Buddleja davidii (Arbre aux papillons)
Caryopteris (Caryoptéris)
Echinacea (Échinacée)
Echinops ritro (Chardon bleu)
Erysimum (Vélar)
Hebe
Knautia macedonica (Oreille d`âne)
Lavandula (Lavande)
Limnanthes douglasii
  (Limnanthe « Œuf sur le plat »)
Mentha (Menthe)
Nepeta (Herbe aux chats)

Limnanthes douglasii
(Limnanthe « Œuf sur le plat »)

Origanum (Origan)
Rosmarinus (Romarin)
Salvia (Sauge)
Scabiosa (Scabieuse)
Skimmia

Petits arbres indigènes qui attirent la vie sauvage

Betula pendula (Bouleau commun)
Crataegus persimilis « Prunifolia »
Malus sargentii
Prunus « Amanogawa »
Sorbus aucuparia (Sorbier des oiseleurs)

Plantes comestibles intéressantes

Voir aussi Le jardin des sens - Le Goût (page 94) et divers autres projets tout au long du livre.

Courgettes : « Ambassador F1 », « Leprechaun » et « Bambino F1 »

Concombres : « Crystal Lemon »

Haricots : « Black and White »

Arachides

Pois : Variétés pouvant être semées directement dans le sol : « Petite merveille », Extra hâtif du printemps et Monsieur Big. Variétés à semer du début du printemps à l'été : « Kelvedon Wonder », « Green Arrow » et « Super Sugar Snap ».

Citrouilles : « Jack-O-Lantern » et pour de grosses citrouilles : « Atlantic Giant ».

Fraisiers : variétés du début de l'été (donnent des fruits de juin jusqu'au début juillet) : « Honeoye », « Elvira », « Rosie » ; variétés du milieu de l'été (donnent des fruits tout le mois de juillet) : « Elsanta », Cambridge Vavourite », « Pegasus » ; variétés de la fin de l'été : (donnent des fruits de la mi-juillet au début du mois d'août) : « Florence, « Alice », « Maxim » ; variétés donnant des fruits tout au long de la saison : « Mara des Bois », « Vivarosa », « Challenger ».

Maïs sucré : « Pop-corn à la fraise ».

Tomates : « Siberia », « Miracle sweet », « Bush Celebrity » et « Floramerica ».

Les « Tomatillo » ressemblent à des tomates vertes mais sont enveloppés dans une peau d'apparence soyeuse et ont un goût sucré.

Fraisier de Virginie (*Fragaria vesca*)

Plantes agréables à toucher

Voir aussi Le jardin des sens - Le toucher (page 95).

Allium hollandicum « Purple Sensation » (Ail d'ornement « Purple Sensation »)

Allium hollandicum

Ballota pseudodictamnus (Ballote)
Bassia scoparia f. trichophylla
Bracteantha bracteata
   (Immortelle à bractées)
Foeniculum vulgare purpureum
   (Fenouil bronze)

Helianthus « Teddy Bear »
   (Tournesol « Teddy Bear »)
Helichrysum bracteatum (Immortelle)
Lagurus ovatus (Queue de lièvre)
Lavandula stoechas subsp. pedunculata
   (Lavande papillon)
Lychnis coronaria
   (Coquelourde des Jardins)
Papaver orientale (Pavot d'Orient)
Pennisetum alopecuroides
   (Herbe aux écouvillons)

Pennisetum alopecuroides

Phlomis russeliana (Sauge de Jerusalem)
Potentilla atrosanguinea (Potentille)
Pulsatilla vulgaris (Pulsatille commune)
Salix caprea « Kilmarnock »
   (Saule Marsault)
Salvia argentea (Sauge argentée)
Senecio cineraria « Silver Dust »
   (Cinéraire maritime « Silver Dust »)

Stachys byzantina

Stachys byzantina (Épiaire laineux)
Stipa tenuissima « Ponytails »
Verbascum bombyciferum (Molène)

Plantes qui bruissent dans le vent

Voir aussi Le jardin des sens - L'ouïe (page 93)

Briza media (Brize moyenne)
Cortaderia selloana
    (Herbe de la Pampa)
Lunaria annua (Monnaie-du pape)

Lunaria annua

Miscanthus sinensis « Silberfeder »
Papaver somniferum (Pavot somnifère)
Phyllostachys vivax « Aureocaulis »
    (Bambou géant)
Populus tremula « Pendula »
    (Peuplier Tremble)
Stipa gigantea (Stipe géante)

Plantes hydrophiles

Voir aussi Le jardin aquatique de Roseline (page 82) et La tourbière de Francis (page 85).

Acorus gramineus « Ogon »
Astilbe
Brunnera macrophylla
    (Myosotis du Caucase)
Caltha palustris (Populage des marais)
Eichhornia crassipes (Jacinthe d'eau)
Elodea canadensis (Elodée du Canada)
Equisetum fluviatile (Prêle fluviatile)
Gunnera manicata (Rhubarbe Géante)
Hosta
Juncus ensifolius (Jonc)
Ligularia przewalskii (Ligulaire)
Lobelia cardinalis (Lobelie rouge)
Menyanthes trifoliata (Trèfle d'eau)
Myosotis palustris « Semperflorens »
Myosotis scorpioides
    (Myosotis des marais)
Nymphaea (Nénuphar)
Oenanthe fistulosa « Flamingo »
    (Oenanthe fistuleuse)

Osmunda regalis (Osmonde royale)
Phalaris arundinacea var picta
    (Ruban de Bergère)
Primula japonica (Primevère)
Rheum palmatum « Atrosanguineum »
    (Rhubarbe d'ornement)
Sisyrinchium angustifolium
    (Bermudienne à feuilles étroites)
Trollius europaeus (Trolle d'Europe)
Trollius europaeus (European globeflower)

Trollius europaeus

Bulbes

Voir aussi Naturaliser des bulbes (page 96)

Anemone blanda (Anémone de Grèce)
Camassia leichtlinii (floraison estivale)
    (Camassie de Leichtlin)

Camassia leichtlinii

Colchicum autumnale (Floraison
    automnale) (Colchique d'automne)
Crocus speciosus (Floraison automnale)
Crocus tommasinianus
    (Crocus de Tomasini)

Cyclamen coum (Cyclamen de l'île de Cos)
Cyclamen hederifolium (Floraison
    automnale) (Cyclamen de Naples)
Eranthis hyemalis (Eranthe d'hiver)
Galanthus nivalis (Perce-neige)
Gladiolus byzantinus (Floraison estivale)
    (Glaïeul de Byzance)

Galanthus nivalis

Hyacinthoides non-scripta (Floraison
    printanière) (Jacinthe d'Espagne)
Muscari armeniacum (Floraison
    pritanière) (Muscari d'Arménie)

Muscari armeniacum

Narcissus « February Gold »
    (Narcisse « February Gold »)
Narcissus pseudonarcissus (Floraison
    printanière) (Jonquille)

Remerciements

Chaleureux remerciements à nos nombreux acteurs et actrices et à leurs « assistants » ; Marc, Roseline et Francis , Mason et Mandy ; David, Bryony, Nick et Yvette ; Holly, Maxime, Lynda et Sean ; Elliott, Isobel et Catherine. Merci aussi à Raymond pour son magnifique travail de construction, Barbara Clift pour ses créations avec le saule, Judith Glover pour ses merveilleuses illustrations, et Nikki English pour ses splendides photos. Enfin, mes remerciements également à Richard Lucas, David Fountain, Angela Newton et Luke Griffin.

Illustrations : Judith Glover

Photographies des pages 52 et 94 : Lynda Brazier
Photographie de la fleur mâle de citrouille page 54
© Purdue University Horticulture and Landscape
Architecture Department